추천사

24개월이면 도축되는 '육우'로 태어난 소, 6개월이면 '삼겹살'이 될 운명이었던 돼지, 죽도록 달리다 5년 후 퇴역해 고기가 될 뻔했던 경주마, 쓸개(웅담) 때문에 태어나 쓸개 때문에 죽게 될 사육곰. 이들이 이 책의 주인공이다. 마치 휴거라도 일어난 듯 같은 종의 동물들이 모조리 사라진 현실에서 기적처럼 살아남아 나이를 먹은 이들은 현대의 동물산업 시스템에서 절대 존재할 수 없는 유니콘 같은 존재들이다.

생추어리는 착취의 대상으로만 존재할 수 있었던 동물들을 이 공동체의 구성원으로, 자신의 삶을 살아갈 주체로 존중하는 곳이다. 이곳에서 동물들은 신선한 채소와 과일을 먹고 폭신한 짚 위에서 자다가, 물그릇 위로 햇살이 떨어질 때 천장에 일렁이는 빛 그늘을 바라보며 살아간다. 인간이 동물을 착취하지도 이용하지도 않으면서 함께 살아가는 이 급진적 공간은 어떻게 만들어졌을까. 그 치열했던 역사와 하루하루의 분투, 희망과 저항을 성실하게 보여주는 책.

— **홍은전**, 『나는 동물』

이 책에서 소개하는 생추어리들은 완벽하지도, 완벽을 추구하지도 않는 공간이다. 동물의 입장에서 더 좋은 환경을 고민하면서 인간이 할 수 있는 것을 하는 삶의 공간일 뿐이다. 생추어리 안팎의 사람들도, 생추어리의 동물들도 서로 심장을 맞대고 눈길을 섞으며 손길을 나눈다. 동물과 인간이 '자연스럽게' 어울리는 공간을 상상하면서 나는 완전히 새로운 미래가 가능할지도 모른다는 희망을 품었다. 생태계의 일원으로서 인간이 할 일이 무엇인지 알려주는 새롭고 명확하며 감동적인 책이다.

— **김소영**, 『어린이라는 세계』

동물의_의
자
리

먹히지 않고 늙어가는
동물들을 만나다

동물의 자리

김다은·정윤영 글
신선영 사진

올리브

일러두기

1 이 책은 김다은, 신선영, 정윤영 세 작가가 2023년 초부터 2024년 9월 책이 나오기 직전까지 수차례 한국의 생추어리들을 방문하고 취재해 기록한 책이다. 김다은이 '화천 곰 보금자리 프로젝트'와 '새벽이생추어리'를, 정윤영이 '인제 꽃풀소 달뜨는 보금자리'와 '곶자왈 말 보호센터 마레숲'을 취재했고, 신선영은 네 곳 모두 사진으로 기록했다.

2 이 책에 등장하는 네 군데 생추어리들은 역사, 설립 배경, 운영 주체, 방향성, 목표 등이 모두 다르다. 가령 '언어'의 중요성을 강조하는 동물권 운동의 입장에서는 동물을 세는 단위가 '마리'가 아닌 '명'이지만, 활동가가 아닌 일반인이 운영하는 생추어리의 경우 '마리'를 그대로 사용한다. 책에서 하나의 원칙을 정해 통일할 경우 오히려 입장의 차이가 가려질 수 있기에, 생추어리를 취재하고 기록하는 작가들이 각자 원칙을 정해 하나의 장 안에서만 통일하기로 결정했다. 정윤영, 신선영은 각 생추어리가 사용하는 방식을 따랐고, 김다은은 모두 '마리'로 통일했다.

3 생추어리 활동가들이나 운영자, 주변 인물들에 대한 취재는 출간 동의를 받아 진행했으며, 기록하는 과정에서 필요한 경우 가명을 사용했다. 개인정보 보호와 안전을 위해 세부적인 정보들을 조정한 부분도 있다.

동물과 함께 살아가는 더 나은
방법을 찾아서

돼지가 흙 묻은 당근을 씹는다. 우적우적 당근을 씹는 입이 오물거리고 턱이 들썩거린다. 영상 속 돼지는 당근이 맛있다는 듯이 쉬지 않고 씹어댄다. 돼지는 영상을 찍는 사람을 향해 커다란 두 귀를 펄럭이며 달려온다. 꽤 빠르게, 그러나 돌진하는 느낌은 아닌 빠르기로. 마치 반가운 사람을 오랜만에 만났을 때처럼. 반가움과 기분 좋음이 느껴지는 명랑한 속도로. 흙 속을 뒹굴며 당근을 씹고 사람에게로 달려오는 돼지는 새벽이다. 새벽이가 먹고, 자고, 뒹굴고, 달리는 곳은 생추어리라고 했다. 생추어리, 어색하고 낯선 말이었다.(새벽이생추어리는 2024년 10월 논의를 거쳐 '새벽이'가 아닌 '새벽'으로 공식 명칭을 변경했다고 공지했다. 이 책에서는 취재와 기록 당시의 이름인 '새벽이'를 사용했다.)[1]

생추어리^{sanctuary}는 안식처, 보호구역이라는 뜻이다. 1986년 미국의 동물보호 운동가 진 바우어^{Gene Baur}가 동료들과 함께 '가축수용소' 근처 사체 처리장에서 살아 있는 양 힐다^{Hilda}를 구출하고 생추어리 농장^{Farm Sanctuary}을 만들었다. 힐다는 생추어리에서 1997년에 자연사했고 그의 묘비에는 "영원히 사람의 마음과 생각을 변화시킬 친구"라는 문구가 새겨졌다. 생추어리는 산업화된 축산동물들의 안식처라는 뜻으로 사용되기 시작했고, 진 바우어는 생추어리 농장이 "동물들에게 일어난 모든 일의 책임이 바로 우리에게 있음을 보여주는 증거"이며 학대를 딛고 온정이 싹트는 곳이라는 뜻에서 "완성의 장소"[2]라고 말했다.

한국에도 지자체에서 위탁 운영하는 동물보호센터나 민간이 운영하는 동물보호소가 있긴 하지만 생추어리라고 하지는 않는다. 보호시설은 주로 유기된 반려동물들을 대상으로 하며 유기된 동물은 임시 보호기간인 열흘이 지나면 '반려동물 보호 및 복지정책'에 따라 '안락사',[3] 아니 '약물 죽임'을 당한다.

새벽이는 동물단체 DxE가 경기도 화성 종돈장에서 공개구조한 돼지였다. 반려동물이 아닌 '축산 피해 동물'(흔히 농장동물이라고도 하지만, "애초에 감금시설을 농장이라 부르는 것에 동의하지 않는 입장"[4]이라는 의견에 따른다.)이 죽임을 당하지 않고 평생 살아갈 수 있는 곳. 이제야 생추어리라 부를 수 있는 곳들이 한국에도 생겼다.

태어난 지 6개월이 넘었으나 고기가 되지 않고 살아남은 새벽이. 활동가들이 올린 영상에서 새벽이가 먹고 자고 노는 모습들을 보는데 눈물이 계속 났다. 살아 있는 돼지가 어딘가에 있다는 것만으로 가슴이 벅찼고 동시에 '구조'되지 못한, 고기가 되었을 돼지가 셀 수 없이 더 많다는 사실, 오로지 먹히기 위해 태어나 (살아 있다 혹은 살아간다고 말할 수 없는 환경에서) 고작 몇 개월을 살다가 전혀 '인도적'이지 않은 방식으로 도살되어 고기로 진열되고 판매되는 현실. 나 역시 어김없이 이 시스템에 기대 살고 있다는 죄책감을 포함해 이 모든 감정들이 치밀어 올라 설명할 수 없는 여러 마음들을 눈물이 대신하는 듯했다.

새벽이생추어리 이후에 소와 말과 곰의 생추어리 소식을 들었다. 생추어리가 어떻게 생겨났는지, 그곳에서 어떤 일들이 벌어지고 있는지 기록하고 싶었다. 도대체 어떤 사람들이 생추어리를 만들 생각을 했는지, 생추어리에 사는 동물들은 어떤 표정을 하고 있을지 너무 궁금해서 가만히 있을 수가 없었다.

혼자서는 엄두가 나지 않아 김다은 기자를 꼬드겼다. 다은은 흔쾌히 수락했을 뿐만 아니라 사진을 찍어줄 신선영 사진가를 꾀어왔다. 한국에 생긴 생추어리를 기록해보자고 세 사람이 모였지만 기록은 쉽지 않았다. 당연한 얘기지만, 생추어리 네 곳은 너무나 달랐다. 생추어리라는 정의부터 생추어리가 만들어진 배경과 과정도 달랐고, 생추어리의 목표, 동물의 권리와 복지에 대한 이해도 모두 달랐다. 우리는 소와 돼지를 한 명命이라고 써야 하는지, 한 마리라고 써야 하는지, 이 죽음을 안락사라고 부르는 게 맞는지 혼란스러웠다.

동물들을 '구조'하고 살 곳을 마련하는 일은 쉽지 않았다. 돌봄은 돈과 보이지 않는 노동과 끊이지 않는 감정 소모가 어마어마하게 드는 일이었다. 그러나 대동물의 똥오줌을 치우고 그들에게 밥을 주는 이 공간이 서로를 들여다보는 공간이면서, 축산 피해 동물들의 생존 투쟁이 이루어지는 공간이라는 생각에, 생추어리를 떠올리면 설레는 마음이 더 컸다. 더 솔직히 말해 나는, '이런 곳이 생겼다니!' 하는 생각에 이미 눈이 좀 돌아가 있었다. 물론 수많은 고민과 한계들이 눈에 띄었다. 없을 리가 없었다. 그래도 동물들이 어떻게든 죽지 않고 살아가고 있다는 사실이 더 크게 다가왔다. 그래서 종종 그 한계와 어려움을, 고민과 논쟁을 잊기도 했다. 그럴 때마다 함께하는 동료들과 이야기를 나누었고, 현장으로 향했다. 우리는 생추어리가 동물들에게 완벽한 공간인 것처럼 낭만화하지 않으려고, 축산업 철폐를 위한 필수 과정인 것처럼 환상에 빠지지 않으려고 애썼다. 또 우리가 생추어리를 소개하고 기록하는 일이 채식을 강요하는 일로 받아들여지면 어떻게 하나 조심스러웠다.

그럼에도 생추어리라는 공간을 어떻게 만들었는지, 그 과정에 있었을 무수한 고민과 한계, 숱한 조력과 응원의 목소리를 듣고 싶었다. 이곳에서 동물들은 어떻게 시간을 보내며 살아가는지도 궁금했다. 목적을 갖고 태어나는 것이 아닌, 고기가 아닌, 그렇다고 반려동물도 야생동물도 아닌, 비인간동물과 함께 살아간다는 게 어떤 것일까 알고 싶었고, 이야기를 나누고 싶었다. 우리가 사는 세계의 이면을 들여다보았으면 했다.

『아무도 미워하지 않는 개의 죽음』을 쓴 하재영 작가는 개 도살장을 기록하며 '인간다움'에 대해 물었다.[5] 나는 제주의 말들과 신월리 달뜨는 보금자리에서 지내는 다섯 소들을 보면서 인간동물인 우리가 잃어버렸거나 빼앗긴 '동물다움'에 대해서도 묻고 싶었다. 생추어리에 있을 때 경험한 시간의 흐름은 낯선 것이었다. 말들이 먹을 풀을 베는 데 한두 시간이 훌쩍 지나가버리고, 가만히 앉은 소의 털을 빗질하고 초원을 내달리는 말을 쳐다보기만 했는데 또 시간이 훌쩍 지나갔다.

꽃풀소 메밀의 등에 빗질을 해줄 때 가야가 했던 말이 종종 생각난다. "동물의 자유가 보이는 것 같다."는 말. 그 말은 도살되지 않고 살아남은 메밀에게 하는 말이면서, 한낮에 흙밭에 쪼그리고 앉아 소를 쓰다듬는 나에게 하는 말 같기도 했다. 나는 인간동물로서 어떤 자유를 잊고 어떤 시간을 빼앗기고 살았나, 나는 누구와 함께 살아가고 있나, 나는 이 세계의 어느 위치에서 살아가고 있나 묻고 싶었다. 어떤 존재는 갇혀 살지 않기 위해서 또 함께 살기 위해서 투쟁해야만 하는 이 세계의 질서에 대해 같이 물었으면, 그리고 지금과는 다른 질서를 상상했으면 한다.

2024년 10월
정윤영

생추어리, 동물이 우리에게
기회를 주는 공간

무언가에 대해 글을 쓸 기회가 온다면 인간을 전면에 내세운 풍자 글 정도가 좋겠다고 생각했다. 일종의 돌연변이 같은 존재인데, 가부장제나 과도한 자의식, 정의의 수호자라는 망상을 계절에 맞지 않게 껴입고 다니며 주위 사람들을 곤란하게 하는 이들이다. 아침드라마 문법에 광기를 더한 경쾌한 오컬트물이나 피비린내 나는 복수 끝에 사랑이 꽃피는 처연한 브로맨스물 같은 것이 어떨까 싶었다. 아무래도 대박이 날 것 같아서 내심 흥분해 있던 차였다. 이야기를 장식할 소재를 찾던 당시, 나는 몇몇 동물들에 대해 과도한 관심을 갖고 있었다. 그래서 이들이 나의 블랙코미디에 등장하는 것도 좋겠다고 생각했다. 그 시기에 나를 사로잡은 것은 두족류였다. 문어, 오징어, 앵무조개, 낙지 등 두족류라는 이름이 말해주는 것처럼 머리 밑에 다리가 달린 동물들이다. 재미있는 것은 두족류에 대한 인식이 국가나 문화권마다 다르다는 것이다. 우리는 주로 먹는 '음식'이라고 생각하지만, 이슬람 국가에서는 혐오스럽게 여겨 잡히면 모두 바다에 풀어주는가 하면, 북유럽 신화의 바다괴물

'크라켄'을 떠올리며 두려움을 느끼는 이들도 있다.[1]

무엇보다 두족류에 빠져 있는 연구자들의 우스꽝스러운 순애보와 경건한 태도가 언제나 나에겐 모범이 되었다. 갈증이 갈망이 되고, 갈망이 집착이 되고, 집착이 훌륭한 기록물이 되는 과정을 따라가며 나역시 바다생물의 생명력에 빠져들었다. 이들의 신비한 연대기, 고귀한 협력, 성실한 생존. 온몸이 부르르 떨릴 만큼 매혹을 느끼며 나는 문어와 앵무조개와 사랑에 빠졌다. 남의 기록물을 염탐하다 상사병에 걸린 것이다. 그러다 보니 자연스럽게 인간에 대한 흥미가 사라졌다. 대신 동물들에게 주연급 역할을 맡기는 것이 더 적절하다는 생각이 들었다. 나 자신도 앞서 언급한 연구자들처럼 멋들어진 괴짜가 되어 이들의 미덕을 찬미하고 싶었다. 그리하여 인간이 각본과 연출을 맡은 '문명의 무대' 위에서 그저 '방해꾼13' 정도의 역할을 하며 소외된 동물들을 살펴보게 되었다.

나는 "인간의 문제가 더 중요한데 지금 동물을 말할 때냐!"라며 떠드는 소리를 무시했다. 이렇게 떠드는 이들은 동물에게 감정이 있다고 해도 무시할 수 있는 수준이 아니냐며 궤변을 늘어놓을 이들이다. "동물이 고통, 공포, 굶주림과 같은 주관적인 느낌을 지닌다고 가정했을 때, 그 가정이 잘못됐다고 해도 손해 볼 것은 없다. 그러나 사실은 동물이 그런 감정들을 느끼는데 내가 그렇지 않다고 가정한다면, 나는 끝없는 잔인함으로 향하는 길을 여는 셈이다."[2]라는 말을 되돌려주고 싶지만 그들은 이마저도 외면하려 들 것이다. 이런 생트집에 굳이 정교한 반박을 하고 싶지는 않다. 솔직히 고백하자면 내가 잘할 수 있는 일이 아니기도 했다. 나는 과학자도 아니고 연구자도 아니기 때문이다. 대신 살아 있는 동물을 보여주는 것으로, 기록자로서 내가 할 수 있는 일을 하기로 했다.

나는 조연으로 물러난 동물들을 찾아갔다. 사실 인간의 역사라는 무대에 오르지 않는 것이 이들에게는 더 나은 일이겠지만, 안타깝게도 이들은 이미 인간의 삶과 역사에 연루되어 있었다. 그래서 더 과감하게 이들을 호명하기로 했다. 내가 찾아간 곳은 '먹히지 않고 늙어가는' 동물들이 있는 자리였다. 누구는 이곳을 '생추어리'라고 하고, 누구는 그저 '보금자리'라고 했다.

그곳에서 살아가는 동물들의 일상은 우리에게 낯선 감각을 불러일으킨다. 우선 이들은 인간에게 지대한 관심을 쏟지 않는다.(만물의 영장으로서 자존심이 상할지도 모른다.) 자신의 현재에 평온하게 몰두한다. 강건하게 우뚝 솟은 몸으로 계절을 맞는다. 털이 바람에 휘날린다. 눈을 깜빡인다. 한숨 같은 긴 숨을 내뱉는다. 무엇보다 인간이 결코 알 수 없는 비밀을 간직한 채, 자신 앞에 펼쳐질 운명을 받아들인다. 나는 그런 끝없는 인내심에 때로는 가슴이 벅찼다. 생추어리에서 만난, 인간에 의해 손상되고 훼손된 동물들은 우리에게 '여전히 살아 있음' 그 자체로 말을 걸었다. 그들은 인간에게 보복하지 않았다. 그럼으로써 너그러이 인간에게 기회를 주고 있었다. "그 기회는 보통 한 번 이상으로 우리에겐 그들이 내려주는 은총과 용서, 구원을 받을 기회가 있다."[3] 인간이 다른 종에게 결코 쉽게 내주지 않는 것들이었다.

내가 방문한 생추어리들은 마치 고해성사실처럼 고요했다. 대신 그

무언의 공간은 우리에게 어떤 생각들을 들끓게 했다. 그 침묵 속에 마지막으로 남아 있는 물음은 단순했다. 우리는 이들 동물들에게 어떤 말을 건넬 것인가? 2024년 지금, 이제 막 한국 사회에서 태동하고 있는 생추어리(혹은 보금자리)에 대해, 그리고 그곳의 동물들에 대해 말해야 하는 이유도 여기에 있다. 우리에게는 그런 무언의 공간이 필요하다. 잠시라도 인간이 입을 다물고 동물들에게 자리를 내어주는 공간. 동물들이, 우리에게 기회를 주는 공간.

나는 누구의 편도 들지 않으려 노력했다. 무엇보다 활동가의 시선과 거리를 두려고 애썼다. 새벽이생추어리 활동가들에게는 "최초로 만들어진 생추어리인데 성장 속도가 더디다고 생각하지 않느냐?"라고 물었다. "겨울인데 새벽이 집의 창문이 왜 뚫려 있느냐, 비닐로라도 막아야 하는 게 아니냐"고 묻기도 했다. 어쩌면 질타로 들렸을지도 모르겠다. 여러모로 기탄없이 물으려 했다.

곰 보금자리 프로젝트(곰 보금자리 팀) 활동가에게는 "너무 쉽게 안락사를 결정한 것이 아닌가?"라고도 물었다. 나의 질문은 "수의학적 지식에만 비추어 동물의 고통을 판단한 것 아니냐"는 되물음이기도 했다. 무엇을 기준으로 동물의 '삶의 질'을 판단할 것인가는 동물보호단체 내에서도 이견이 많은 이슈다. 예컨대 곰 보금자리 팀은 2022년에 이루어진 비봉이 야생방류 사업을 '실패'로 규정했다. 2013년 제돌이를 시작으로 춘삼이, 삼팔이 등으로 이어진 수족관 돌고래의 야생방류는 동물보호단체들이 앞장서 거둔 결실이었다. 하지만 비봉이는 방류 후 생존을 확인할 수 없게 되었고 당시 곰 보금자리 팀은 "야생방류가 동물을 위한 것이라기보다는 이미지메이킹 측면이 있으며 졸속 행정으로 이어졌다."고 지적했다. 야생동물이 본연의 삶의 터전인 자연으로 돌아가는 것이 최선이냐 아니냐를 두고 동물권 운동진영 안에서 격렬한 논쟁이 터져 나오게 한 사건이기도 했다. 곰 보금자리 팀에서 말하는 '동물복지'라는 구호를 어떤 동물권 단체는 비판하기도 한다. 나는 이러한 논쟁에 대한 나만의 답을 가지고 있지만 그것을 단정해 말하지 않으려 했다. 그저 눈앞에 펼쳐지는 것을 솔직하게 보여주기 위해 노력했다. 기록이 애초 목적을 이루지 못했을 수도 있겠다. 비판은 기꺼이 받아들이겠다.

이 세상에 완전한 자유가 존재하는 생추어리는 없다. 생추어리는 정답이 아니라 질문이다. 『나와 퓨마의 나날들』은 자기파괴적 정신상태를 겪고 있던 저자가 볼리비아의 생추어리 '암부에아리Ambue Ari'에서 퓨마 '와이라'를 만난 뒤 겪게 된 이야기를 다룬다. 흥미로운 부분은 이 거대한 대자연 안에 존재하는 생추어리에서도 와이라는 커다란 우리 안에 살면서 정해진 시간에 산책을 한다는 것이다. 자기 목에 로프를 연결하고, 케이블을 따라 마치 집라인을 타는 것처럼 숲을 달린다. 이곳의 활동가는 '와이라의 산책'을 보며 이렇게 설명한다. "야생이었다면 200제곱킬로미터 정도는 거뜬히 돌아다닐 거예요. 하지만 와이라의 세계는 이만하게 줄어들었죠. 다 인간이 퓨마를 애완동물로 키우려 했기 때문이에요." 와이라가 자연으로 돌아가는 것이 옳다고 말하는 이들에게 '생추어리'는 불완전한 해법일 것이다. 하지만 자연의 언어를 배우지 못한 동물이 야생으로 돌아가 제대로 삶을 영위할 수 없다면,

'방류'가 폭력이 될 수 있다고 말하는 이들에게 '생추어리'는 최선일 것이다.

이렇듯 생추어리는 동물을 '보호'하는 곳에 그치는 것이 아니라 인간에 의해 손상된 동물의 삶을 어떤 식으로 회복시킬지, 얼마나 되돌려줄 수 있을지를 우리 사회를 향해 묻는다. 아직 완전한 합의점은 없다. 더 많은 논의가 터져 나오고, 더 많은 주장이 들끓고, 더 다양한 목소리가 치열하게 나와야 한다. 그런 과정을 촉발하는 것 자체가 생추어리의 사회적 역할이다. 생추어리가 우리를 새로운 질문으로 초대하는 공간인 이유다. 이 책은 그 초대에 응하자고 말을 걸기 위해 시작됐다.

불쑥불쑥 찾아가 민폐를 끼치는 이방인을 환대해준 활동가들에게 감사를 전한다. 새벽이생추어리와 곰 보금자리 프로젝트의 동물들에게는 당신들에게 보내지 못한 연서는 마음에 품겠다고 혼잣말해본다. 부족한 글 사이사이의 빈틈은 독자들이 적극적인 상상력으로 채워주길 바란다. 우리가 다 함께 같은 문장들을 읽어 내려가는 모습을 떠올리며 그것이 '희망'의 현현이라 믿어본다. 희망은 그것을 믿는 자들의 것이라는 사실을 상기한다. 이 책이 근면한 용기의 힘을 믿는 이들 곁에 가닿기를 바라본다.

2024년 10월

김다은

차례

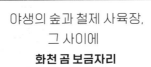

동물도
집을 갖고 싶다

인제 꽃풀소 달뜨는 보금자리

글 **정윤영** | 사진 **신선영**

♥ 후원

 newmoon.sanctuary

꽃풀소들의 보금자리가 마련된 신월리 전경

71844번 육우에서 신월리 주민 꽃풀소가 되기까지

이 모든 일이 시작된 곳은 '개농장'이라 부르는, 식용 목적으로 개를 키우는 불법 사육장이었다. 2020년 9월 인천 계양산에서 불법 사육장을 발견해 여러 동물단체가 그곳에 있는 개들을 구조했다. 사육장 옆에는 어린 소들이 있었다. 홀스타인종, 흔히 '젖소'라고 부르는 얼룩무늬 소는 "체구가 크고 양질의 우유를 대량으로 생산하는 미국 낙농계의 대표"[1] 품종으로 특히 온순한 성품 때문에 사육하는 것으로 알려져 있다. 우유를 생산하지 않는 남성 소는 '육우'라 불리며 24개월쯤 자라면 도살된다. 이곳에 있는 열다섯 명命(동물을 세는 단위인 '마리'를 대체한 단위. 동물해방물결은 인간동물과 비인간동물을 구분하지 않는다는 의미에서, 또 모두 '느끼는 존재'라는 의미에서 인간동물을 세는 단위 '이름 명名'이 아닌 '목숨 명命'을 쓴다.)[2]의 소들은 모두 남성 소였다. 2019년 10월 경기도 파주의 농장에서 태어나, 태어난 지 3일 만에 엄마와 떨어져 육우로 길러졌다. 비육장肥肉場농장에서 몸집을 키운 홀스타인 송아지들은 불법 철거물 행정집행을 앞둔 이곳 농장에서 도살장으로 가기만을 기다리고 있었다.

　개를 구조한 단체의 요청으로 동물해방물결(이하 동해물) 활동가들이 소를 보러 불법 농장을 직접 방문하기는 했지만 '어떻게 해야 하지?' 하는 생각만 들 뿐 아무 성과 없이 돌아와야 했다.

　동해물은 "직접 행동을 통해 동물 역시 고통을 느끼는 존재임을 알리고, 국내 동물권 의식 확립 및 정책 반영을 이끌어내기 위한 활

22

개농장 옆에 남겨진 소들 ©동해물

동"을 목표로 2017년 11월에 발족한 동물단체다. 동해물은 차별 철폐를 주장하며 반려동물뿐 아니라 전시동물과 농장동물, 실험동물까지 동물들의 해방을 위해 활동하겠다는 의지를 밝혔지만, 활동을 시작한 지 얼마 되지 않은 작은 단체가 소를 구조하기란 엄두가 나지 않는 일이었다. 그럼에도 동해물의 활동가들은 개만 구조되고 소는 구조되지 않는 상황이 내내 마음에 걸렸다. 곧 도살장으로 가게 될 소들을 보니 한 해 전 '지붕 위의 소'가 다시 생각났다.

2019년 역대 최장기 장마의 폭우 속에서 스스로 지붕 위로 올라갔지만 내려오지 못하는 소들을 보고 사람들은 안타까워했다. 중장비를 동원해 소들을 구출하는 모습에 사람들은 가슴을 쓸어내렸고 동물들에게도 재난 상황에 대한 대비책이 필요하다는 목소리로 이어지기도 했다. 살기 위해 애쓰는 소를 보며 소 역시 '생명'이라는 걸 자각하는 듯했다.

많은 사람들의 응원을 받으며 구출된 소들은 폭우에서 살아남았지만 일주일 뒤 대부분 도축되었다. 상처와 질병이 있는 소들은 오래 살지 못할 것이라고 수의사들은 판단했고, 폐사하기 전에 도축하기를 권했다. 살고 싶어서 지붕 위로 도망갔으나 고기로 태어난 소들이 도축을 피할 길은 없었다. 동해물 이지연 대표는 그때 처음 생추어리를 생각했다.

"동해물에 축산 피해 동물을 보호할 수 있는 보금자리, 즉 생추어리가 있어서 한 명이라도 구조할 수 있었다면 어땠을까. 그러면 우리가 소를 고

기가 아니라 지각 있는 생명으로 생각하는 사람들이 늘어나게 할 수 있지 않을까 했던 거고요. 그런데 실천으로 옮기기엔 큰 결심이 필요했기 때문에 특별한 계기가 없었다면 생각만 하고 있었을지도 모르겠어요."

2021년의 활동을 계획하며 동해물은 소를 구조하자고 의견을 모았다. "살아 있는 소들의 삶을 볼 수 있는 공간이 필요하다."는 의견도 있었다. 아무것도 담보되지 않은 상황이었지만 일단 구조하고 어떻게든 방법을 찾기로 했다.

소들은 추석 명절에 맞춰 도살될 운명이었다. 불법 사육장의 농장주에게 약속받은 시간은 두세 달. 9월이 오기 전까지 소들을 구조할 비용과 이들이 지낼 거처를 찾아야 했다. '인천 소 살리기 프로젝트'라는 이름으로 모금을 시작했다. 두 달 동안 1648명의 후원자, 4600만 원의 후원금이 모였다.

춘천에서 울릉도까지 전국을 돌며 임시거처를 찾았지만, 모든 곳에서 거절을 당했다. 키우지 않을 소를 데리고 있을 이유가 없다는 게 이유였다. 날짜는 다가오는데 소를 데려올 만한 곳을 찾지 못했다. 소들을 데려오지 못할까 봐 마음이 급했다. 신기하게도 불똥이 떨어질 때마다 '기적같이' 귀인이 나타났다. 한국 DMZ 평화생명동산 정성헌 이사장이 그랬다. 민주화운동에서 시작해 평생 생명평화운동을 해왔고 지금도 강원도 인제에서 평화교육과 생태교육을 하는 현장 활동가였다. 정성헌 이사장은 소를 살린다는 동해물의 취지와 언어를 단번에 이해했다. 정성헌 이사장의 소개로 인제

하늘내린목장의 농장주를 만날 수 있었다. 축사를 빌려주겠다는 유일한 사람이었다. 모금액 4600만 원과 축사 두 칸이 생겼지만, 열다섯 명의 소를 모두 데려올 수는 없었다.

소 열다섯 명에게는 이름이 있었다. 인식표에 새겨진 번호로 소를 부를 수는 없었다. 활동가들은 소들의 얼굴을 외우며 강인하게 살아남으라는 마음을 담아 들풀과 들꽃의 이름을 붙이고 이들을 '꽃풀소'라고 불렀다. 꽃다지, 달래, 둥글레, 들콩, 머위, 메밀, 미나리, 박하, 봄동, 부들, 백도라지, 엉이, 겅퀴, 완두, 창포. 얼굴을 익히고 이름을 부른 소는 열다섯. 그 가운데 구조할 수 있는 소는 여섯뿐이었다.

"생각해보세요. 저희가 프로젝트를 시작하면서 소들을 만났단 말이에요. 저희가 개농장에서 소들을 처음 봤을 때는 그냥 고통받는 한 무리로 보였기 때문에 개별성이 별로 와 닿지 않았어요. 그런데 저희가 열다섯 명 이름을 다 짓고 나니까 그 이름을 부르면서 얼굴도 외우고, 그때부터는 가족처럼 되는 거예요. 그런데 그중 여섯을 고르라면……."

누구를 데려오고 누구를 남길지 고르는 건 불가능했다. 운에 맡기는 수밖에 없었다. 출입문에서 가까운 순서대로 머위, 메밀, 미나리, 창포, 엉이, 부들이가 축사를 나왔고, 그렇게 여섯 명이 임시거처로 옮겨 갔다.

꽃풀소가 지낼 곳은 임시보호처라고는 하지만 농장에서 지낼 때와 환경이 비슷했다. 다른 점이 있다면 여기에 있는 여섯 소는 도살되지 않을 것이라는 사실이었다. 그 사실을 떠올리며 동해물은 조금이라도 나은 곳, 소들이 안정적으로 지낼 곳을 찾았다.

동해물이 강원도 인제 신월리를 만난 건 2021년 12월. 신월리는 '하늘내린 인제로컬투어 사업단'의 사업 중 하나로 폐교를 활용하는 프로젝트를 찾고 있었고, 폐교는 여섯 명의 소들이 지내기에 적합한 곳이었다. 무엇보다 신월리 주민들은 동해물의 '젊은' 활동가들에게, 또 비거니즘 운동에 우호적이었다. 동해물은 폐교된 신월분교를 중심으로 비건청년마을을 계획하며 '신월리 달뜨는 마을' 공동체와 업무 협약을 맺었다.

강원도 인제군 신월리 달뜨는 마을은 1973년 소양강댐 건설로 마을 대부분이 수몰된 곳이었다. 살던 사람들은 대부분 다른 지역

폐교된 신월분교

으로 이주했고, 함께 가지 못한 몇몇 주민들이 고지대로 이주하여 살던 곳이 지금의 신월리다. 높은 산에 둘러싸여 있고 아래로는 소양호가 한눈에 내려다보이는 마을. 이름처럼 초승달 모양을 하고 있는 신월리는 고요하고 아름다운 마을이지만, 인제읍과 연결된 도로가 수몰되어 '육지 속의 섬마을'이라 불리기도 했다. 50년이 흐른 후 신월리의 주민 수는 점점 줄어 지금은 100여 명만 남았고, 마을의 유일한 학교인 신월분교는 2019년에 폐교되었다.

폐교된 학교에 소들이 이사를 왔다. 꽃풀소와 함께 돌봄가족과 활동가들도 신월리 주민이 되었다. 마을이 수몰되고 다른 마을로 갈 수 없어 높은 곳으로 이주해온 신월리 주민들이 갈 곳 없는 꽃풀소들을 '열린 마음으로' 받아주었다는 사실이 어쩐지 마음에 와 닿았다.

꽃풀소를 위한 공간을 계획할 때 동해물이 생각했던 기준은 단순했다. 소를 키워본 경험도, 축사를 지어본 경험도 없었지만 소들이 이곳을 자신들의 집이라는 걸 알 수 있게 하고 싶었다. 누가 오면 아는 척을 하거나 경계를 할 수 있으면 좋겠다고 생각했고, 소들이 뛰어다닐 수 있는 공간을 확보하고 싶었다. 마을 이장님은 동해물이 원하는 바를 공감하면서 "이 소들은 키워서 팔려고 하는 게 아니라 반려동물 아니냐."라는 말을 자주 했다. 소에 대해, 그리고 축사에 대해 잘 알고 있는 이장님과 사무장님의 도움이 컸다며, 동해물의 승찬 활동가가 보금자리 짓는 과정을 설명했다.

꽃풀소들 중 가장 몸집이 작은 메밀이가 자리를 비켜주고 있다.

"다른 축사처럼 펜스에 갇혀 자기가 싼 똥을 밟으면서 밥만 먹고 살게 하기는 싫었어요. 소가 잠자는 곳, 밥을 먹는 곳, 그리고 퇴비를 모아두는 곳이 있어야 하니까 나머지 공간은 소들이 뛰어다닐 수 있게 하자, 그래서 최대한 넓은 면적의 운동장을 확보하자는 의견을 나눴죠. 그런 다음 축사 공간과 운동장 공간 비율을 정했어요."

축사를 만드는 모든 과정은 건축법과 방역법, 가축분뇨처리법에 따라야 했다. 학교 뒤 약 990제곱미터(300평) 공간에 철제 울타리를 두르고 입구 가까운 쪽에 콘크리트를 깔아 비닐하우스로 집을 만들었다. 비닐하우스 끝에는 시멘트를 발라 벽을 세우고 퇴비사 자리를 만들었다. '사육 두수'와 분뇨 발생량을 계산해 퇴비사 면적을 정하고, 분뇨가 토양에 스며들지 않도록 방수 콘크리트를 깔았다.

꽃풀소들의 집은 크지 않았지만 비와 바람을 막아줄 수 있었고, 다른 축사와 달리 칸막이나 스타치온('자동 소목걸이'라 부르는 개폐장치)이 없었다. 콘크리트에 미끄러지지 않도록 왕겨와 톱밥도 두껍게 깔았다. 보금자리 울타리는 노란색과 보라색으로 칠하고, 비닐하우스 안에는 달뜨는 보금자리의 로고를 크게 그렸다.

소들이 지낼 공간이 만들어지는 동안 활동가들은 인제군청의 농정과와 축산과를 쫓아다니며 행정 절차를 준비했다. 축사를 등록하기 위해서는 등록번호가 필요했는데, 그러려면 농림부나 축협에서 실시하는 교육을 받은 뒤 축산업 허가증을 받아야 했다. 보금자리에 있는 꽃풀소들은 '판매'를 위한 곳이 아니었기에 축협에는 등록할 필요가 없었다. 주민들의 동의를 얻고 축산과의 최종 점검을 받기까지 정신없는 1년을 보내고 나서야 보금자리라 부를 만한 공간을 마련할 수 있었다.

소를 구조하기로 한 건 동해물이었지만, 오로지 동해물이라는 단체만의 힘으로 할 수 있는 일은 없었다. 모든 과정이 늘 촉박하고 부족했지만, 어떻게든 '귀인'이 나타났고 어떻게든 채워졌다. 후원자 1648명 외에도 임시거처를 빌려준 사람과 소개해준 사람, 소들을 이동시켜준 사람들이 소가 평생 살 집을 마련하자며 돈과 마음과 힘을 모았다. 꽃풀소를 돌봐줄 돌봄활동가를 만난 것도 그랬다. 인제에서 상주하며 꽃풀소를 돌보는 활동가는 타샤와 현욱, 그의 자녀인 가야와 솔이다.

현욱과 타샤가 먼저 동해물로 연락을 했다. 캐나다에서 살고 있던 현욱 가족은 퍼머컬처^{Permaculture}(자연에서 발견되는 형태와 관계를 모방하여 농업을 포함해 삶의 방식을 설계하는 지속가능한 생태농업)와 비거니즘 운동을 계획하며 한국으로 이주했다. 지낼 곳을 찾던 중 달뜨는 보금자리에서 돌봄활동가를 구한다는 얘기를 듣고 곧바로 동해물에 이메일을 보냈다. 동해물로서도 동물해방운동과 비거니즘을 실천하는 가족과 함께 활동하지 않을 이유가 없었다. 가족은 꽃풀소들이 보금자리로 입주하는 날짜에 맞춰 강원도 인제군 신월리 주민으로 전입신고를 마쳤다. 2022년 11월 10일 이제 꽃풀소의 입주만 남았다.

입주 일주일을 앞두고 '믿지 못할' 일이 벌어졌다. 미나리가 죽었다. 건강검진을 위해 채혈을 하던 중 미나리가 미끄러졌다. 가축전염병 예방법에 따르면 '가축'을 이동할 때 검사증명서, 예방접종증명서를 휴대하거나 고시해야 하는데, 이를 위해서는 채혈을 해야만 한다.[3] 채혈은 스타치온에서 주로 이루어진다. 소들의 머리를 스타치온에 끼워놓고 주사기를 소의 목에 찔러 몇 분간 피를 뽑는다. 장치를 사용한다고 해도 채혈은 쉽지 않다. 소는 채혈을 피하려고 발버둥을 치며 날뛴다. 그 과정에서 채혈 작업을 하는 방역사들이 바닥에 넘어져 소에게 밟히기도 하고 뿔에 찔려 다치기도 한다. 심한 경우 방역사가 사망하는 일[4]까지 생기기도 할 만큼 채혈은 까다로운 일이다.

보통의 축사에서는 미끄러져 넘어진 소를 도살장으로 보낸다. 아픈 소는 '도태'시키면 끝나는 간단한 일이다. 마을 주민들은 도태를 언급하기도 했지만 한 번 넘어져 못 일어난다고 죽일 수는 없었다. 미나리를 치료해줄 수 있는 사람이 필요했고 그때부터 대동물을 치료하는 수의사를 찾아 나섰다. 대동물을 진료할 수 있는 의료 장비를 갖춘 곳이 있다며 평창에 있는 산업동물임상교육연수원을 소개받았지만 일어서지 못하는 미나리를 데리고 갈 수 없는 게 문제였다. 여러 사람을 거치고 거쳐 어렵게 미나리를 보러 와줄 수 있는 수의사를 만났다.

수의사는 소의 장골을 들어올려 스스로 설 수 있는지 본 뒤에 예후를 봐야 한다고 했다. 소를 일으켜 세우는 힙슬링hip sling이라는 기계가 필요했다. 어렵게 기계를 빌렸지만 기계를 써도 미나리는 일어서지 못했다. 수의사는 소염제와 진통제 주사를 놔주고, 미나리가 한쪽 방향으로만 누워 있지 않도록 방향을 바꿔주라고 일렀다. 자주 있는 일은 아니지만 한두 달 정도 앉아 있다가 회복하는 소가 있다며 상태를 지켜보자고 했다. 그때부터 모든 활동가들이 미나리 곁에 머물렀다. 매 끼니를 챙겨주고 시간에 맞춰 몸의 방향을 뒤집어주었다. 미나리는 밥도 물도 잘 먹었고 건강을 회복하는 듯했다.

하지만 미나리는 넘어진 지 열흘 만에 세상을 떠났다. 급성 장독혈증이라고 했다. 위장에 가스가 차고 독소가 생겨 사망하는 병이었다. 자세를 이리저리 바꿔주었지만, 오래 앉아만 있던 것이 문제가 됐다. 인천의 불법 농장에서 구조되어 임시거처에서 1년을 살았고, 이제 일주일만 지나면 평생 살 곳으로 이주할 터였다. 미나리는 분명 나아지고 있었다. 활동가들은 미나리의 죽음을, 함께 보금자리로 갈 수 없다는 사실을 믿을 수 없었다. 미나리를 돌봐준 수의사는 "소들이 산업동물이라는 걸 분명히 알아야 한다."고 했다. 이지연 대표는 그제야 대동물, 그러니까 소나 돼지처럼 몸집이 큰 산업동물을 돌본다는 것, 함께 산다는 것의 무게를 체감했다고 말했다.

"결국 미나리가 저희 곁을 떠났고, 이때 저희가 함께 살기로 한 대동물의 무게를 체감할 수 있었어요. 처음 만났을 때는 500킬로그램 정도로 추정했는데 그사이에 1톤이 됐거든요. 이 일로 무엇을 조심해야 하는지 예견하고 미리미리 더 준비하게 됐어요."

미나리의 무덤

미나리의 죽음으로 충격이 가시지 않은 상태에서 동해물은 꽃풀소들의 입주를 준비해야 했다. 또 넘어지면 안 된다는 '안전에 대한 강박'이 생겼다. 소들이 미끄러지지 않도록 비닐하우스와 운동장에 왕겨와 톱밥을 열 포대 넘게 깔았고 날이 춥지는 않을까, 낯선 곳이 불편하지는 않을까 걱정투성이였다.

그래도 입주를 앞두고 설레는 마음을 감출 수 없었다. 꽃풀소들의 입주를 축하하는 사람들이 메시지를 보내주었고, 보금자리 입구에는 현수막을 달아주었다. 보금자리 한쪽에 미나리의 공간이 먼저 마련됐다. 함께 들어오지는 못했지만 미나리 이름이 새겨진 작은 돌 위에는 향초와 마른 국화가 놓였고, 미나리의 귀에 평생 달려 있던 인식표가 함께 놓였다. 다섯 명의 꽃풀소보다 미나리가 먼저 온 셈이다.

"아이고, 드디어 오는구나!"

꽃풀소들이 입주하는 날, 승찬 활동가는 차에서 내리는 소들을 보고 안도감과 걱정이 함께 들었다. 똥오줌으로 질퍽한 바닥에서만 지내던 소들이 운동장을 잘 걸을 수 있을까 걱정했다. 차에서 가장 먼저 얼굴을 내밀고 땅으로 내려온 건 엉이였다. 엉이가 내려오자 다른 소들이 따라 내렸다. 왕겨와 톱밥이 두툼하게 깔린 운동장을 돌아다니며 냄새를 맡았다. 갑자기 머위가 달리기 시작했다. 축사에 갇히지 않은 소가 흙을 밟고 네 발로 경중경중 뛰는 모습을 보는 건 처음이었다. 소가 운동장을 달리고 흙바닥에 누워 쉬는 것만으로도 그 '살아 있음'이 자랑스러웠다.

"발로 흙을 차면 가루가 돼서 날리는 게 신기했나 봐요. 정말 신나 보였어요. 그날 보금자리에 사람들도 많았는데 꽃풀소들이 사람들한테 관심을 갖고 친근하게 다가와서 혓바닥을 널름거리기도 하고 금세 적응하는 걸 보니까 너무 뿌듯하고 좋았어요. 소들이 이런 데 있어야지 싶었죠."

개농장에서 시작해 소들을 구조하기로 한 뒤로 한두 명씩 조력자를 만났다. 소를 도축장에 보내지 않도록 불법 농장의 농장주를 설득해야 했고 적당한 '소 값'을 치러야 했다. 축산업 철폐나 '동물해방' 같은 거대한 구호가 아니라, 임시거처의 농장주나 꽃풀소들을 이동해준 트럭 기사가 말한 "살면서 한 번쯤 좋은 일" 하고 싶다는 즉흥적인 선의 같은 것에 기대기도 했다.

운이 좋았던 것일 수도 있겠지만 소들이 살기를 바라는 사람이 있었다. 한때의 조력과 느슨한 연대가 언제나 있었다. 그러니까 보금자리는 꽃풀소들이 살아가는 곳이면서, 꽃풀소들의 보금자리를 함께 만든 이들의 이야기가 담긴 곳이기도 하다.

이 모든 조력과 연대는 꽃풀소들의 의지랄까, 선택이 없었다면 힘을 얻지 못했을지도 모른다. 생각해보면, 소들이 농장에서 끝끝내 나오지 않으려 몸부림을 쳤다면, 트럭에 올라타지 않거나 내리지 않으려고 했다면 보금자리로 올 수 있었을까. 물론 억지로 밀어

꽃풀소들이 입주하는 날 신월분교 앞에 걸린 현수막

내고 끌어낼 수야 있었겠지만 말이다. 인천에서 신월리까지 몇 번을 이동하면서, 또 미나리의 죽음을 보면서 낯선 인간들, 농장주보다도 소에 대해 잘 알지 못하는 인간들을 어떻게 신뢰할 수 있었을까. 소들은 인간에게 다가오지 않을 수도, 인간이 내미는 손길에 고개를 돌릴 수도 있었다.

승찬 활동가는 "불법 축사에서 살던 소들이 자기 몸에 주사를 놓고 피를 뽑는 인간을 두려워하지 않고 오히려 호의를 갖는다는 게 제일 신기하다."고 했다. 사람들이 동물과 교감하고 싶어하는 마음이 뭘까 늘 궁금했다. 왜 이렇게 인간은 다른 동물과 관계 맺기를 원하는 건지, 교감의 욕구와 호기심이 궁금했는데 그건 소들도 마찬가지였다. 그러니까 보금자리는 인간과 소들이 함께 만든 곳이었고, 그곳은 서로 관계 맺기를 두려워하지 않는 존재들이 함께 연대하는 공간이었다.

'인천 소 살리기 프로젝트'를 비롯해 '꽃풀소 집짓기 프로젝트'와 '꽃풀소 살림 프로젝트'에 모인 후원과 셀 수 없이 많은 사람들의 연대, 그리고 살아남겠다는 꽃풀소들의 의지와 활동가들의 온갖 시행착오를 거쳐서 만들어진 곳. 다섯 꽃풀소들이 살고 있는 이곳 달뜨는 보금자리는 '생추어리'라 부를 만한 작고 귀한 공간이자 한국에 처음 생긴 소들의 안식처이다. 우리는 이 보금자리의 사계절을 책에 담고 싶었다.

2023년 2월부터 열 번 정도 달뜨는 보금자리를 방문했다. 신선영 사진가와 함께 방문하기도 하고 동해물 후원모임에 참여하기도 했다. 꽃풀소들이 보고 싶어 혼자 다녀오거나 활동가들을 만나러 가기도 했다. 방문할 때마다 현욱 활동가를 따라다니며 꽃풀소들과 함께 사는 돌봄가족의 삶에 대해 이야기를 들었고, 가야 활동가에게서 다섯 꽃풀소들의 성격에 대한 이야기도 들을 수 있었다. 동해물 활동가들을 만날 때는 보금자리에 대해, 또 동해물 활동에 대해 이것저것 묻기도 했다. 특히 이지연 대표와 이승찬 활동가에게서 보금자리를 만든 과정부터 어떻게 운영하는지 세세하게 들을 수 있었다. 이야기를 더 듣고 싶을 때는 서울에 있는 동물해방물결 사무실에서 인터뷰를 하기도 했다. 지난 1년 반 동안 돌봄가족과 동해물 활동가들과 나눈 이야기들, 인제를 오가며 만난 꽃풀소와 이웃, 그리고 보금자리에 찾아온 사람들과 만나면서 배우고 느낀 것들을 담았다.

달뜨는 보금자리의 밭에서 자라는 풀(피)

달뜨는 보금자리의 봄

폐교된 작은 초등학교. 이제는 모두 떠나버린 학교에 소들이 살고 있다. 2023년 2월 말, 아직 찬바람이 불어도 한낮의 볕은 봄이었다. 학교 건물 뒤편에 놓인 커다란 비닐하우스에 소 다섯 명이 따뜻한 햇살을 받으며 앉아 있었다. 비닐하우스와 운동장을 크게 둘러싼 울타리는 노란색과 보라색으로 정성스럽게 색이 칠해져 있었다. 새파란 하늘과 투명한 비닐하우스, 갈색 흙과 자주색 고무대야, 홀스타인 소의 검고 하얀 색깔, 노랑과 보라의 울타리가 잘 어울렸다. 하얀색 소가 천천히 우리를 향해 걸어왔다. 사람 소리에 가장 먼저 나온 소는 메밀이었다. 낯선 이가 궁금했는지 울타리 가까이 다가왔다.

돌봄가족이 보금자리에 도착했다. 현욱 활동가와 그의 아이들인 가야와 솔이었다. 돌봄가족은 보금자리가 있는 학교 바로 건너편에 살고 있었다. 현욱 활동가는 커다란 가방을 메고 두 아이와 함께 학교로 걸어왔다. 우리는 돌봄가족과 짧게 인사를 나눈 뒤 신발을 벗고 종아리까지 올라오는 장화로 갈아 신었다. 소들과 인사를 하러 울타리 안으로 들어가기 위해서였다. 인사를 하러 들어간다는 표현은 어쨌든 방문객인 우리의 입장이었다. 소들은 어떻게 느낄까? 우리와 인사를 하고 싶을까? 소들의 허락을 구하지 않고 울타리 안으로 들어가는 게 조심스럽기도 했지만, 그런 마음은 이내 사라졌다. 소들을 가까이에서 보고, 만지고 싶었으며 내 존재를 알리고도 싶

가장 먼저 사람들을 맞이하러 나온 메밀

었다. 가야와 솔의 목소리를 들었는지 낯선 사람만 있을 때는 나오지 않던 다른 소들도 모두 밖으로 나왔다. 소를 본 가야가 소리쳤다.

"아빠, 엉이 눈에 흙이 묻었어!"
"얼굴로 흙을 팠나 보다."

엉이의 모습을 일러주며 돌봄가족들이 소들에게 잘 잤냐고 인사를 건넸다. 가야를 따라 하우스 안으로 천천히 들어갔다. 메밀이 입구 앞에 서서 안으로 들어가려는 낯선 이에게 코를 가까이 갖다 대고는 한참 냄새를 맡는다. 가까이에서 본 메밀의 코는 크고 넓적했다. 물방울이 맺혀 있는 콧구멍이 냄새를 맡을 때마다 벌름거렸다.

비닐하우스 양쪽에는 길게 창문이 나 있었다. 한낮에는 너무 덥지 않도록 창문을 열어두고, 해가 질 즈음에는 너무 춥지 않도록 창문을 닫는다. 하우스에 들어갔을 때, 햇빛을 받아 비닐 창문이 반짝거렸다. 꽃풀소의 집은 그늘진 곳 없이 환하고 밝았다.

하우스 바닥에는 흙과 건초와 똥이 있었고, 입구부터 끝까지 오른쪽 벽을 따라 건초더미가 길게 두 층으로 쌓여 있었다. 소들의 보름치 식사라고 했다. 소들이 먹는 건초는 하루에 두 단에서 세 단. 한 달에 두 번씩 포천에서 건초를 싣고 온다. 다른 축사는 축협을 통해 건초 보조금을 지원받아 비교적 저렴한 가격에 배달을 받지만, 보금자리는 축협에 등록하지 않아 보조금 지원 대상이 아니었다. 보금자리에는 건초를 보관할 데가 없기도 하고, 오래 보관하면 건초가 습해지고 벌레가 생기기 때문에 직접 가져온다. 여러모로 축협에 등록할 이유가 없었다.

건초를 가지러 포천까지 가는 까닭은 그곳이 적은 단위로 건초를 판매하기 때문이었다. 소들이 가장 좋아하는 건초는 알곡이 달려 있는 알팔파인데, 이 건초는 단백질 함량이 높아서 소의 복부에 가스가 차는 고창증에 걸리기 쉽다. 실제로 덩치가 크고 식욕이 왕성한 머위의 배가 유난히 불룩 튀어나와 있었다. 알팔파 대신 티모시와 클라인 건초의 비율을 늘렸다가 필요하면 다시 알팔파를 늘렸다. 활동가들은 소들의 입맛과 건강을 확인해가며 소들이 먹을 건초를 준비했다.

건초더미 앞에는 파란색 여물통 여섯 개가 나란히 놓여 있다. 현욱 활동가가 아침과 저녁, 하루에 두 번 여물통 가득 건초를 준다. 아침을 다 먹은 빈 여물통 안에는 누구의 것인지 모를 소의 똥이 들어 있었다. 그는 여물통 안에 똥이 들어 있기는 처음이라며 빠르게 여물통을 비웠다. 하우스 어디에고 똥이 묻지 않은 곳이 없었다. 바닥뿐 아니라 기둥과 벽에도 눈높이마다 똥이 묻어 있었다. 보금자리에 오기 전부터 홀스타인 소는 엄청 크다고, 코끼리만 하다는 얘기를 들은 게 생각났다. 크다는 얘기를 미리 들어서 그랬을까, 처음 봤을 때 생각만큼 크지 않다고 속으로 생각했다. 기둥에 똥이 묻은 자리는 소들의 엉덩이 높이였다. 소 엉덩이를 위로 올려다볼 만큼 소들은 키도 크고 몸집도 컸다. 그제야 소들의 크기가 실감 났다.

신기한 건 소들의 똥 냄새였다. 가끔 시골길을 지날 때 차 안으로 갑자기 훅 들어와 코를 틀어막게 하는 지독한 냄새. 그 냄새를 생각하며 하우스 안으로 들어갔다. 하우스 안쪽에는 똥이 산처럼 쌓여 있었는데, 이상하게도 꽃풀소들이 사는 이곳에는 악취가 나지 않았다. 다른 축사처럼 소들이 많지 않고 활동가가 매일 똥을 치워서 그런가 싶다가도 소들이 사는 곳에 마른 건초 냄새와 구수한(?) 톱밥 냄새만 나는 게 놀라웠다.

현욱 활동가는 소들이 '비육사료' 대신 건초를 먹는 것도 냄새가 지독하지 않은 이유 중 하나일 거라고 했다. 건초를 먹은 소들의 똥은 푸르스름한 녹갈색을 띠었다. 현욱 활동가는 장화 신은 발로 바닥에 있는 똥을 삽에 툭 밀어넣어 산처럼 쌓인 두엄자리로 옮겼다. 왕겨와 톱밥이 섞인 소들의 똥은 며칠 지나면 퇴비가 된다고 했다. 퇴비는 하우스 주변에 심은 밀과 보리에 뿌린다. 풀을 먹은 건강한 소들의 똥은 거름이 되고 밭에서 자란 보리와 밀은 소들과 돌봄가족이 나눠 먹는다.

소들을 따라 운동장으로 나왔다. 울타리에 둘러싸인 운동장을 소들이 어슬렁거리며 돌아다닌다. 까만 소 둘과 하얀 소 셋. 창포와 엉이, 머위와 부들, 메밀이다. 이곳에 오기 전에 다섯 소들의 사진을 봤는데 까만 털의 창포와 엉이가 헷갈렸다. "창포가 누구지?" 하는 말을 가야가 들었다.

"창포는 엉덩이가 하얘."

검은 소 엉이와 창포(왼쪽부터)

흰 소 메밀, 부들, 머위(왼쪽부터)

창포는 엉덩이에 하얀 털이 가로로 길게 났고, 이마에 난 하얀 털은 하트 모양을 하고 있다. 엉이는 창포보다 몸집이 크고 뿔이 새까맸다. 가야 덕분에 둘의 이름을 외웠다. 메밀은 한눈에 알아봤다. 다섯 가운데 가장 몸집이 작았고 사람에게 먼저 다가왔다. 처음 보는 사람이 궁금한지 냄새를 오래 맡으면서 크고 따뜻한 혀로 옷과 손을 핥았다. 부들도 금세 알아볼 수 있었다. 부들은 키가 아주 크고 뿔은 다른 소들과 달리 아래를 향해 있었다. 자기 뿔이 어떻게 생겼는지 모르고 다른 소들을 뿔로 들이받곤 했다. 머위는 다섯 소 가운데 몸집이 가장 크다. 몸집만큼이나 뿔도 컸다. 머위의 뿔은 굴곡을 그리며 위로 휘어 있어 알아보기 쉬웠다. 흙과 건초 부스러기가 묻어 머위의 하얀 뿔이 누르스름하고 푸르스름했다. 잘리지 않은 소들의 뿔은 계속 자라는 중이다.

"메밀이는 빗질을 좋아해."

가야가 빗을 들고 왔다. 커다란 빗으로 메밀의 등과 엉덩이에 빗질을 하자 하얀 털과 털에 묻은 흙 부스러기가 바닥에 우수수 떨어졌다. 서서 빗질을 받던 메밀이 자리에 풀썩 앉는다. 빗질이 좋은지 꼼짝도 않고 눈만 끔뻑이며 되새김질을 했다. 메밀의 턱 주변과 목덜미의 하얀 털이 까맣게 물이 들어 있었다. 철제 기둥에 몸을 긁어댄 흔적이었다. 소들은 얼굴 가까이 다가오거나 만지는 걸 싫어한다고 들었다. 조심스럽게 메밀의 목 가까이 다가가 털을 빗어보았다.

메밀의 하얀 털이 운동장에 소복하게 쌓였다.

빗질이 궁금했는지 엉이와 머위가 메밀 옆으로 다가왔다. 빗을 든 손을 머위 목 가까이 가져가자 머위는 고개를 홱 돌리고는 자리를 떠났다. 엉이와 메밀이가 서로를 바라보더니 코를 살짝 맞댔다.

"오! 엉이가 메밀이 핥아줘!"

가야가 놀란 듯 소리쳤다. 엉이와 메밀이가 친한 사이인지 묻자 가야는 둘이 싸우는 것만 봤다고 했다. 옆에서 현욱 활동가가 엉이는 종종 메밀을 핥아주기도 한다고 덧붙였다. 보금자리로 입주한 지 이제 4개월째. 다섯 덩의 꽃풀소들은 서열 싸움이 한창이었다. 서열 1위는 엉이. 엉이는 머위, 부들과 자주 다퉜고, 창포와는 단짝이라 그런지 서열과 상관없이 자리를 내주곤 했다. 서열 싸움은 소들의 식사시간에도 잘 드러났다.

꽃풀소들이 건초를 입에 넣고 한참 씹는다. 메밀이 여물통에서 건초 씹는 걸 본 머위가 슬며시 다가와 여물통 가까이 머리를 들이민다. 메밀이 한 발씩 뒤로 물러나 천천히 옆으로 자리를 옮긴다. 그럴 때에도 입은 계속 움직이며 건초를 씹고 있다. 다시 여물통 안의 건초를 집어 든다. 머리를 좌우로 흔들자 입에 문 건초 몇 가닥이 떨어진다. 바닥에는 그렇게 떨어진 건초들이 수북하게 쌓였다. 이번엔 창포가 다가온다. 창포는 뿔로 메밀의 입을 밀쳐내고 메밀은 다시 뒷걸음쳐 물러난다. 이번에는 좀 멀리 자리를 옮겨 입구에서 가장 가까

▲ 메밀에게 빗질을 해주는 가야

▶ 메밀과 머위

운 여물통으로 간다. 통 안에는 건초 부스러기가 남아 있다. 소들은 건초 부스러기를 정말 좋아하는 것 같았다. 건초를 여물통에 가득 채우면, 소들은 건초를 코로 들어올려서 여물통 바깥으로 밀쳐낸다. 여물통 바닥이 보일 때까지 건초를 치우면 바닥에 부스러기만 남아 있는데, 그걸 핥아먹기 위해서다. 과자 부스러기를 그러모아 손끝으로 찍어먹는 것처럼. 메밀이 혀로 바닥까지 싹싹 핥으며 건초 부스러기를 먹자 이번에는 부들이 다가온다. 뒤로 물러나는 메밀의 분홍색 코와 입술, 혓바닥이 건초와 같은 색으로 푸르게 변해 있었다.

메밀의 엉덩이에는 살짝 긁힌 상처들이 많았다. 소들이 뿔로 메밀을 밀쳐낼 때 긁힌 상처였다. 메밀은 몸집이 가장 작았고 그래서 다른 소들에게 늘 자리를 내줘야 했다. 머위와 창포, 부들에게 밀려난 메밀은 여물통 주변을 어슬렁거리며 바닥에 떨어진 건초를 조금 주워 먹고는 두엄이 있는 곳으로 천천히 자리를 옮긴다.

소들은 두툼하게 언덕진 두엄자리를, 따뜻해진 흙에 종일 몸을 기대고 앉아 있는 걸 좋아했다. 엉덩이부터 무릎, 정강이까지 온통 흙투성이였다. 앉거나 누울 때 더 편한 쪽이 있는지 주로 한쪽이 더 새카맸다. 한번 앉으면 좀체 일어나지 않았다. 날이 더워지면서 보금자리 안쪽에 쌓아둔 두엄을 운동장으로 옮겼다. 소들이 운동장에서 보내는 시간이 많아졌고, 뜨거워진 햇볕에 두엄도 금방 발효되었다. 발효된 소들의 똥은 금세 퇴비가 되었다. 현욱 활동가는 농사지을 땅에 퇴비를 고르게 펴 바르듯 얹었다. 소들은 두엄자리에 엉덩이를 기대고 앉아 바람을 맞으며 건초를 오래 씹는다.

두엄 위에 앉아 있는 것을 좋아하는 엉이

비밀 밤마실 사건의 전말

한 달 뒤 두번째 방문했을 때 일이다. 학교로 들어가는 입구부터 보금자리까지 바닥에 소 발자국이 여럿 찍혀 있었고 비닐봉투가 뒹굴고 있었다. 아니, 사실은 흙에 발자국 모양이 찍힌 걸 보긴 했지만, '그 소식'을 미리 듣지 않았다면 그게 소의 발자국인지 알아보지 못했을 것이다.

지난밤, 다섯 명의 소들이 보금자리의 울타리 문을 열고 밖으로 나와 길거리를 활보하고 다녔던 것이다. 머위가 긴 혀로 문고리를 열고 입구 앞에서 10분쯤 고민하는 모습이 울타리에 설치된 CCTV에 고스란히 찍혔다. 머위가 천천히 머리를 울타리 안과 밖으로 움직이며 고민하는 사이 문밖으로 먼저 나간 건 창포였다. 창포가 나가자 엉이가 뒤를 따랐다. 머위와 부들, 메밀이 나갈까 말까 고민하다 따라나섰다. 열린 울타리 밖으로 모두 나오는 데 30분이 넘게 걸렸다.

꽃풀소들은 학교 안에 있는 쓰레기장을 뒤져서 안에 있는 비닐들을 헤집어놓았고, 이제 자라기 시작한 보리와 밀을 맛봤는지 새싹은 모두 뜯겨 있었다. 소들은 신나게(?) 논 흔적을 바닥에 남기며 도로로 직진했고 풀내음을 찾아 근처 밭으로 들어갔다. 꽃풀소들의 일탈 혹은 산책은 얼마 가지 못했다. 한밤중이어도 큰 소 여럿이 길을 돌아다니는 장면은 눈에 쉽게 띄었다. 밭의 주인이 마을 이장님에게 소가 우리 밭에 와 있다고 연락을 해왔고, 이장님과 현욱 활동가는 꽃풀소들을 이끌고 다시 보금자리로 돌아왔다.

한밤의 동네 산책 때문인지 소들의 다리에 작은 생채기가 많았다. 쓰레기통을 헤집어놓으며, 풀밭 사이를 누비며 긁히고 찔린 상처였을 것이다. 입구 앞 발자국과 비닐 쓰레기들, 작은 상처들은 그들의 짧은 일탈이 남긴 증거(?)였다. 현욱 활동가는 다섯 소가 늘어놓은 쓰레기를 치우면서 이들이 그동안 울타리 바깥을 얼마나 궁금해 했을지, 이제 막 자란 보리와 밀 새싹이 얼마나 맛있었을지, 또 짧은 일탈의 시간이 얼마나 즐거웠을지 쉬지 않고 얘기했다.

소들의 '비밀 밤마실' 얘기를 듣고 사실 엄청 설레었다. 문을 열수 있다는 걸 소들이 알았고, 그래서 열었고, 울타리 밖으로 나가는 창포를 모두 따라나섰고, 한 번도 걸어보지 않은 도로를 걸어 신선한 풀냄새가 나는 곳을 찾아갔다. 그랬을 걸 생각하니 책에서 봤던 문장들이 떠올랐다. 동물들의 '행위력',5 '생을 즐길 줄 아는 고유한 능력'6 같은 것들. 그래서 소들의 마실 소동 혹은 탈출 시도 이야기를 꼭 쓰고 싶었다. 그런데 정말 이 얘기를 써도 될까 싶은 생각이 들었다. 한밤중이긴 하지만 소들이 도로를 누비고 이웃 주민의 밭에 들어가 풀을 뜯었다? 혹시라도 문제가 생기지는 않을까, 이를 비난하는 사람들이 있지 않을까 겁이 났다. 멧돼지가 사람들이 사는 곳까지 내려왔을 때, 고라니가 밭에 들어와 농작물을 먹었을 때, 비둘기나 까치가 창문에 똥을 싸기만 해도 야생동물은 유해동물이 되고 '합법적으로' 사살되는 일이 꽤 자주 있다는 생각을 떨칠 수가 없었다. 하물며 소들은 야생동물이 아니라 농림축산식품부에 등록된 '가축'이고 '주인'이 있다. 그런 소들이 울타리 밖으로 나가 농작물을 먹는다면 어떤 일이 벌어질까 싶었다.

탈출 소동에 대해 묻기도 전에 돌봄가족에게서 살림편지(달뜨는 보금자리 후원 회원인 살리미에게 보내는 뉴스레터)를 받았다. '비밀 밤마실 사건의 전말'이라는 제목으로 보낸 편지에는 소들의 일탈이 자세히 적혀 있었고, 현욱 활동가는 보금자리에 온 지 넉 달 만에 "스스로 바깥 구경"을 한 소들이 "대견하고 기특"하다고, "나중에 소들과 마을 산책 나갈 날"을 기대할 수 있게 되었다고 했다.

"크게 문제 될 거라고 생각하지 않았어요. 밤에는 차가 안 다니거든요. 위험할 게 없었죠. 그리고 그때 제가 밀과 보리를 심어놔서 보리밟기를 해야 할 시기였는데 소들이 밟아줬어요. 그게 그렇게 웃긴 거예요. 소들이 자유롭게 구경하고 돌아다녔다는 사실이 좋고요. 나중에 소들과 함께 산책할 수 있겠다는 생각을 하게 됐어요. 소들이 스스로 문을 열었잖아요. 그런데 돌아왔고요. 탈출하고 싶다기보다 다른 공간에 대해 호기심이 있구나 생각해요."

소들의 짧은 동네 산책 이후 현욱 활동가는 울타리 문에 자물쇠를 채우고 다닌다고 했다. 머위가 문을 연 건 우연이 아니었다. 그날, 머위가 울타리를 드나들며 문을 여닫는 모습을 유심히 본 걸 현욱 활동가는 기억하고 있다. 소들의 서너 시간 남짓한 자유와 모험은 금방 끝이 났고 소들은 "보금자리 밖에 나와 있으면 안 되니까" 자물쇠를 채워야 했지만 이날의 모험으로 다섯 소끼리, 그리고 현욱 활동가와도 더 가까워졌다고 느낀다.

"소들이 저를 보고 진짜 반가워하더라고요. 자기들끼리 마음고생을 했던 것 같아요. 모르는 곳에 와서 두려웠겠죠. 저를 보고는 바로 보금자리로 가더라고요. 울타리 열어주니까 또 바로 들어가고. 안심하는 것 같았어요. 자기 집이라는 걸 아는 거죠. 고생했다고 건초를 줬어요. 잘 먹더라고요. 그러고 나서 다음 날 소들이 눈빛이 달라졌어요. 유대가 생긴 거죠. 저랑도 신뢰가 생기고. 그 느낌이 좋았어요."

보금자리에 있으면 종종 근처 축사에서 소 우는 소리가 들린다. 신월리에는 '한우'로 불리는 황소를 키우는 곳이 많다고 했다. 보금

꽃풀소들의 밥을 챙겨주는 현욱과 가야

59

자리와 아주 가까운 곳에 작은 농가 몇 채와 기업의 이름이 적힌 비교적 큰 축사가 있었다. 규모와 상관없이 축사 안은 모두 칸막이가 쳐져 있고 소들은 그 안에 있었다. 축사 입구에는 커다란 자물쇠가 걸려 있었고 CCTV가 달려 있었다. 소들은 평생을 칸막이가 쳐진 좁은 곳에 갇혀 산다. 사료를 먹여 살을 찌우는 비육장[7]이 그렇고, 도살되기 전에 임시로 머무는 계류장이 그렇다. 도살장 안으로 끌려가기 직전까지 소들은 좁은 공간에서 감금되어 살아간다.

머위는 울타리 문이 열린다는 걸 알았고 열 줄 알았다. 창포가 결심하고 나간 것인지, 문이 열려 있으니 우연히 나가게 된 것인지는 알 수 없지만 밖으로 나갔고, 다른 소들은 따라 나갔다. 나가고 싶은 걸까? 다른 축사처럼 칸막이가 없고 집과 운동장을 드나들 수 있지만, 어쨌든 울타리가 있고 사람이 자물쇠를 풀어서 문을 열지 않는 한 소는 나갈 수 없으니까. 보금자리에 있는 소들도 따지고 보면 갇혀 있는 셈이다. 그렇다면 생추어리라고 부르는 달뜨는 보금자리는 축사와 어떻게 다른가, 묻지 않을 수 없었다.

"생추어리가 동물원과 뭐가 다른가?" 동해물이 보금자리를 준비하면서 가장 많이 들었던 말이기도 했다. 한정된 공간 밖으로는 나갈 수 없고 사람들이 찾아오면 피할 도리가 없다. 후원금 없이 보금자리를 운영할 수 있다면 방문자 프로그램을 안 할 수도 있겠지만, 어느 생추어리든 아직까지 후원금 없이 운영하기는 어렵다. 운영을 위한 게 아니더라도 보금자리의 역할을 생각할 수 있다. 생추어리는 축산 피해 동물이 더 생기지 않도록 사회적 합의를, 사람들의 인식을 마련해가는 곳이며, 그렇게 인식을 개선하는 일이 갇혀 지내며 죽음을 기다리는 동물들의 짧은 생애를 개선하는 데 영향을 줄 수도 있다. 현욱 활동가는 "고민은 늘 있지만 그 목표를 잊지 않으려" 한다고 말했다.

"처음에 돌보미로 보금자리에 왔을 때는, 보금자리가 알려지고 다른 데도 이런 곳이 생겨나면 축산업이 줄어들 거라고만 생각했어요. 살아 있는 소들, 뛰어다니는 소가 마트에서 사 먹는 소라는 사실을 지금은 그 연결이 끊어져서 잘 생각하지 못하잖아요. 이게 잘 연결되고 보금자리가 그런 역할을 하면 축산업이 줄어들 거라고 막연하게 생각했는데, 지금은 여기가 소들의 진정한 보금자리인가 스스로 질문을 하게 되더라고요. 정말로 이곳이 보금자리, 안식처가 되려면 울타리가 없어져야 할 것 같아

보금자리를 찾아오는 사람들을 위해 준비된 장화

요. 궁극적으로는 울타리가 없고 마을 전체가 보금자리가 되는, 그게 동물들만의 보금자리가 아니라 우리의 보금자리도 되기를 바랍니다. 생태 공동체도 인간이 시도해볼 수 있다고 믿거든요. 끈끈한 공동체가 되어간다는 점이 생추어리가 동물원과 다른 점인 것 같아요."

후원자 모임, 양삼 심기와 건초 봉사 등 1년 동안 있었던 몇 번의 방문자 프로그램을 준비하면서 동해물 활동가들도 비슷한 고민을 했다. 소들이 스트레스를 받지 않으면서 모두 안전하게, 방문자들이 소들을 만날 수 있는 시간을 만들고 싶었다. 방문자 프로그램은 '인천 소 살리기 프로젝트'를 하면서 후원자와 했던 약속이기도 했지만, 소들이 "착취당하지 않으면서 살 수 있음"을 보여주기 위해서도 중요했다. 낯선 사람이 왔을 때 소들이 힘들어하지 않도록 먼저 울타리 바깥에서 충분히 시간을 보냈고, 울타리 안으로 들어갈 때는 한 번에 너무 많은 사람이 들어가지 않도록 인원수를 정해두었다. 그럼에도 승찬 활동가는 "동물원에서 유리벽 사이로 먹이를 주는 활동은 최악"이라면서 동해물이 지향하는 활동의 방향을 분명히 밝혔다.

"꽃풀소들이 소비되는 걸 원하지 않지만, 소들이 인간을 신뢰하는 모습을 보여주는 것도 중요하잖아요. 전시의 형태를 빌리긴 했지만, 건초를 나르거나 양삼 심기를 하면서 인간이 소와 자연에서 어울려보는 경험을 하고, 그런 관계에 기여(?)하는 건 동물원에서의 경험과는 다른 것 같아요. 중요한 건 이 소들이 어떻게 여기에 왔고, 소를 어떻게 생각하고 있는지 충분히 얘기하고 난 후에 소를 마주하는 일이라고 생각해요. 먹이주기 체험이라는 이름을 붙이지는 않겠지만 사람과 소가 같이 시간을 보내도록 하는 일은 아마 계속할 것 같아요."

현욱 활동가도 말을 보탰다.

"생추어리는 동물이 공동체의 주민이 되는 것이라고 봐요. 우리가 사는 곳에 동물을 데리고 왔으니까요. 그렇다면 인간의 권리를 동물들에게도 줘야죠. 동시에 인간이 동물로서 잃어버린 권리를 찾아오는 곳이라고도 생각해요. 지금 보금자리는 어떤 과정 중에 있는 것이고, 그래서 다양한 의견들이 나올 수밖에 없고, 그래야 좋은 방향을 찾아간다고 봐요. 살리미와 돌보미, 활동가가 충분히 대화를 나누면서 합을 잘 맞춰가야 한다고 생각해요."

꽃풀소들의 여름나기 비결은 생태주의

4월의 보금자리는 벌써 여름이었다. 한낮에 보금자리에 도착했을 때 소들은 모두 운동장을 거닐고 있었다. 운동장에 있던 커다란 고무대야가 뒤집혀 있었다. 소들이 머리로 들이받아 뒤집힌 게 분명했다. 목이 말랐는지 빨리 물을 달라고 하는 것 같았다. 얼른 장화로 갈아 신고 울타리 안으로 들어갔다. 걸음이 빠른 가야가 하우스 안으로 뛰어가 수도꼭지를 틀었다. 호스를 집어들고 뒤집어놓은 대야를 세워 물을 채웠다. 두꺼운 고무호스에서 물이 나오기 시작하자 머위가 호스 가까이 코를 들이민다. 시원한 물줄기에 혀를 날름거리며 목을 축인다. 고무대야 가득 물을 채우자 부들과 창포도 물을 마신다. 허업허업 소리를 내며 물 마시는 소리가 크고 시원했다.

여름이 걱정이었다. 신월리는 햇볕이 셌고 한낮에는 바람이 불어도 더웠다. 덩치가 큰 홀스타인 소들이 더위를 어떻게 버틸지 알 수 없었다. 일단 햇빛을 피할 수 있도록 운동장에 그늘막을 설치하고 하우스에도 선풍기와 스프링클러를 달았다. 여름나기를 위한 특별 후원금으로 비용을 마련했다. 여름나기 물품에는 제철 과일이 포함되어 있었다. 꽃풀소들은 운동장에 네 다리를 쭉 뻗고 누워 스프링클러에서 나오는 물줄기를 맞으면서, 후원자들이 보낸 수박을 먹으며 첫 여름을 났다. 날은 무더웠지만 걱정했던 것만큼은 아니었다. 소들은 자기를 지키는 법을 아는 것 같았다. 더위보다 소들의 피를 빨아먹는 쇠파리가 더 걱정이라며 현욱 활동가가 말했다.

"선풍기나 스프링클러를 설치한 게 확실히 도움이 됐어요. 더우면 소들이 운동장으로 나가서 모래를 몸에 뿌리고, 두엄자리에 몸을 문지르고 한단 말이에요. 벌레가 등에 앉으면 등에 침도 뿌리고, 알아서 잘 쫓더라고요. 그렇게 힘들어하지 않는 모습을 봤거든요."

▲ 초여름 현욱과 솔

◀ 물을 마시는 메밀

▶ 고무대야와 도구들

벌레를 쫓으려면 살충제를 쓰면 된다. 다른 농장은 쉬운 방법으로 벌레를 쫓는다. 필요하면 살충제를 쓸 수 있다고 생각하는 활동가들도 있다. 보금자리 환경이 더 좋아지면, 그러니까 태양광을 달고 에어컨을 설치한다면 꽃풀소들이 여름을 나기가 훨씬 쉽지 않을까 생각한다. 현욱 활동가는 생각이 달랐다.

"벌레를 쫓는다고 살충제를 써야 하나? 이런 고민을 진짜 많이 해요. 작은 존재들도 생명이니까 안 쓰는 게 옳다고 생각하는데, 지켜봐야 할 것 같아요. 저는 생태주의를 잣대 삼아 일을 하는데 소들에게도 그대로 적용하는 것 같아요. 더위는 주변을 녹지화하면 도움이 될 거고요, 쇠파리 문제도 사실 닭이 있으면 해결되거든요. 닭이 파리나 진드기들을 잡아먹으니까요. 그러니까 생태를 복원하는 게 중요하고, 그게 소들한테도 좋다는 결론으로 가고 있어요. 돌봄이라는 게 업무처럼 범위가 정해져 있는 게 아니라서 그때그때 필요한 걸 하게 되는데, 고민이 깊어지는 상황들이 있죠. 전 이런 고민들을 활동가나 살리미들과 소통하면서 지혜를 모으고 싶어요. 모두가 같이 돌보는 소들이기 때문에."

창포가 감기에 걸렸다. 여름이 끝나갈 무렵, 아침저녁으로 바람이 제법 쌀쌀하게 불던 때였다. 보금자리 입구 바닥에 누런 점액질이 떨어져 있었다. 콧물은 하우스 안에도 운동장에도 군데군데 떨어져 있었고, 설사한 흔적도 보였다. 창포가 누런 콧물을 흘리고 앉아 있었다. 콧물 흘리는 것 말곤 아픈 기색이 없던 창포가 밥을 먹지

창포의 뿔에 걸린 풀

않은 지 5일이나 되었다. 물도 마시지 않았다. 식사를 거부한 지 3일
쯤 지났을 때부터는 털의 윤기가 달라졌고 힘들어하는 게 눈에 보
였다. 미나리를 돌봐줬던 수의사는 감기 같다고, 일주일 정도 지켜
보자고 했다. 하루 이틀 지나자 창포는 물을 마시기 시작했고, 또 이
틀 지나자 생풀을 뜯기 시작했다. 현욱 활동가는 돌봄활동을 하면
서 기억에 남는 일 가운데 하나가 창포가 감기에 걸린 일이라고 했
다. 미나리가 안타깝게 세상을 떠난 일이나 메밀이가 뿔에 찔린 일,
창포가 감기에 걸린 일도 돌봄활동가에게 귀중한 경험이 되었다.
처음 소들을 봤을 때 현욱 활동가는 '내가 돌봐야 하는 소들'이라고
만 생각했지만 돌봄이라는 활동을 하면서 소들이 특별해졌다.

"창포가 회복하고 나서 저랑 친해졌어요. 창포는 만지는 걸 싫어해서 그

몸이 큰 창포 앞에 서 있는 솔이

동안 제 손길을 피했는데, 아프고 난 뒤부터는 만져도 가만히 있고, 저를 바라보는 눈빛도 달라졌어요. 회복하고 난 뒤에 자신감이 생긴 게 아닐까 싶어요. [……] 창포가 빨리 회복되지 않았으면 걱정을 많이 했을 것 같아요. 감기에 걸린 소를 다 처음 봤으니까. 수의사 선생님이 일주일 지켜보라고 얘기해준 게 크게 도움이 됐어요. 그런 조언이 없었으면 불안감이 더 크지 않았을까 싶어요. 앞으로 비슷한 일이 생기면 불안해하지 않고 잘 대처할 수 있을 것 같아요."

소들이 아프면 어떻게 하나? 활동가와 후원자들이 가장 걱정하는 것은 더 이상 산업동물이 아니게 된 소들의 건강이었다. 보금자리와 관계를 맺고 있는 수의사들이 필요할 때마다 조언을 주지만 미나리가 넘어져 인대를 다쳤을 때도 수액 주사를 놔주는 것 말고는 해줄 수 있는 치료가 없었다. 네 살이 된 1톤 넘는 소를, 고기가 되지 않을 소를 치료할 수 있는 방법을 수의사들은 잘 알지 못했다.

동물복지 선진국으로 알려진 스웨덴의 국립식품청 수의직 공무원인 리나 구스타브손Lina Gustafsson은 수의학과 시절에 배웠던 교과서의 내용을 언급하며 자신이 "동물을 치료하는 의사인지 고기 전문가인지 불명확할 때가 많다."[8]고 고백한다. 수의학은 (축산)사업이 이익을 내지 못하면 의사도 일자리를 잃는다는 점을 교과서에 명시하고 있다고 했다. 한국의 수의학 교재를 들춰봤다. "산업동물은 경제논리에 따르며 개체의 치료보다 집단의 질병관리가 더 중요하며 사람의 건강과 관련해 동물은 살아 있을 때보다 죽은 다음 관리가 더 중요하다."[9]

미나리의 죽음 앞에서 의사가 "소들은 산업동물"이라고 했던 말이 무슨 뜻인지 이제야 알 것 같았다. 꽃풀소들의 보금자리뿐 아니라 다른 생추어리도 비슷한 고민을 한다. 생추어리 동물들이 아프기라도 하면 어떻게 하나? 방법을 찾으려고 하지만 지금으로선 별일 없기를 바라는 수밖에, 한 계절 한 해를 살아가면서 돌봄을 경험하고 꽃풀소들에 대해 직접 알아가는 수밖에 없다. 고기로 태어났지만 고기가 되지 않기 위해 살아가는 소는 머위와 메밀, 부들과 엉이, 창포뿐이니까.

보금자리에서 꽃풀소와 함께 산다는 건 대동물의 삶에 대해 아는 게 없다는 걸 매번 깨닫는 일이기도 했다. 동해물도 지금 '달뜨는 보금자리'가 부족하다는 걸 누구보다 잘 안다. 도살되지 않고 나이

안개 낀 날의 창포

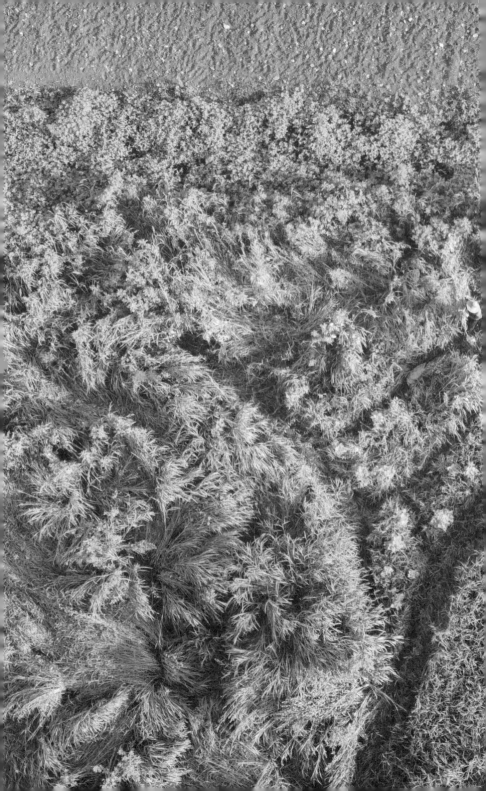

들어 죽을 소의 삶에 대해 활동가들뿐 아니라 누구도 아는 바가 많지 않았다. 다른 농장주에게 도움을 받는 것도 한계가 있었다. 동해물은 어떻게 하면 소가 죽지 않고 살아갈 수 있는지를 묻는데, 농장주는 고기로서 살아가는 소에 대해서만 답할 수 있었다. 부딪치며 경험을 쌓을 수밖에 없는 활동가들이 뭔가를 선택해야 할 때 어떤 기준이 있는지 궁금했다. 현욱 활동가는 또 한 번 '생태'가 답이라고 했다. 소들은 고기가 아니라 소로서 살면 되고, 아프다면 '자연 치유' 할 수 있게 도와주면 된다.

승찬 활동가는 꽃풀소를 생명으로 보는 사람과 축산동물로 보는 사람들 사이의 '균형' 역시 중요하다고 덧붙였다. 소들의 '여생 책임'을 목표로 보금자리로 데려왔는데 보금자리가 없어지게 되는 '위험'한 상황을 생각해야만 할 때가 있기 때문이다. 그 사례로 2023년 10월 전국에 럼피스킨병$^{lumpy\ skin\ disease}$이라는 바이러스성 전염병이 돌았을 때를 언급했다.

"그러니까 그게 제일 겁나는 장면이에요. 우리는 예방접종을 하지 않아도 안전하다고 생각하지만 질병관리청이나 축산과는 그렇게 보지 않잖아요. 방역 수칙을 지키지 않아서 불이익이 생기는 경우, 보금자리가 위태로워질 수도 있고 질병에 노출될 수도 있어요. 그렇게 되지 않도록 필요한 시설들을 갖추고 소를 '살처분' 대상으로 보지 않도록 캠페인도 해야겠지만, 그 전까지는 방역 수칙을 따르지 않아서 생기는 위험에 노출할 필요는 없다고 생각하는 지점도 분명히 있어요. 그러니까 접종 같은 상황에서 소들이 안정할 수 있도록 행동을 제한하거나 컨트롤할 수 있는 도구들을 사용할 수 있다고 보는 거고요. 의견 차이는 분명 있어요. 문제는 돌봄 경험이 없다 보니까……."

'의견 차이'가 분명히 존재한다는 걸 활동가들은 종종 느낀다. 돌봄 경험이 없다는 문제도 인정한다. 지금 보금자리가 처해 있는 '지점'을 계속 인지하려고 한다. 활동가들은 고민되는 것들을 공유하면서 '적당한 수준에서' 의견을 조율해가고 있다. 달뜨는 보금자리의 다섯 꽃풀소와 돌봄가족, 그리고 동해물은 첫 여름나기로 또 한 번의 돌봄 경험을 쌓았다.

몸의 일부가 되어버린 인식표

럼피스킨병이 돌았을 때 백신 접종을 피하기 어려웠다. 다섯 소들은 축산과에 등록되어 있기 때문이다. 현욱 활동가는 럼피스킨이 걱정할 병은 아니라고 얘기한다. 전염성은 있지만 죽을병이 아니고, 병에 걸려도 나을 수 있기 때문이다. 그러나 소가 '상품'일 때는 얘기가 다르다. 전염병이 돌면 예방접종이 의무다. 전염병에 걸린 경우라면, 해당 농가를 포함해 인근 5킬로미터의 소들은 살처분(가축전염병 예방법 제20조)된다. 꽃풀소들은 '상품'이 아니지만 여전히 축산과의 관리 아래 있으며, '상품'이었던 흔적이 몸에 남아 있었다.

꽃풀소들의 귀에 달린 인식표

58593, 69476, 71844, 71877, 74457.

부들, 머위, 메밀, 창포, 엉이의 귀에는 네모난 플라스틱 인식표가 달려 있었다. 귀에 달린 번호는 꽃풀소들이 농장에서 육우로 살았다는 증거였다. 미나리까지 여섯 명의 소들이 그날 농장을 나오지 않았다면 다른 소들과 마찬가지로 도살장으로 끌려갔을 것이고 그런 다음에야 인식표가 떨어졌을 것이다.

가까이 다가온 메밀의 귀에 달린 71844번 인식표를 보니 농장을 나오지 못한 소들이 떠올랐다. 상품으로 다뤄지는 동물은 컨베이어벨트 위에서 고기가 되어 접시 위에 오른다. 귀에 달린 인식표, 피부에 찍힌 일련번호, 생산이력제가 그 증거이며 뽑히고 잘린 이빨과 부리와 뿔이, 걸을 수조차 없이 비대해진 몸이 그 증거였다. 소는 매일 돌보지 않으면 안 되는 살아 있는 존재지만, 생명이어서는 안 된다. 소가 생명에서 배제되고 식품으로서 육종되는 그 과정이 드러나지 않도록 몸은 잘게 썰리고 용도별로 스티로폼 용기에 담겨 비닐로 포장된다.

송아지가 태어나면 출생신고를 한 뒤 30일 이내에 귀에 구멍을 뚫어 인식표를 달아놓는다. 인식표에는 '쇠고기 이력추적제'에 따라 개체식별번호가 적힌다. 이 식별번호에는 출생부터 '도축, 포장, 판매'까지 소에 대한 모든 정보가 담겨 있다. 꽃풀소들의 귀에 달린 식별번호가 자꾸만 눈에 띄었다. 현욱 활동가에게 꽃풀소들의 인식표를 왜 떼지 않느냐고 물었다.

"인식표요? 그게 단단히 박혀 있기 때문에 끊어내는 도구가 필요할 거예요. 그럼 굉장히 안 좋아할 것 같은데……. 손을 귀 가까이 가져가면 (소들이) 경계하거든요. 인식표를 떼려면 어쨌든 공포가 클 것 같아요. 이미 몸의 일부가 되었는데 굳이 잘라야 되나 하는 생각도 들고, 인식표가 해져서 저절로 떨어지는 경우도 있고요."

개체식별번호 하나만 입력하면 소가 어디에서 태어나 어디에서 도축되었는지 그 과정을 상세하게 볼 수 있는 간단하고 편리한 시스템. 축산물 생산이력제는 '위생과 안전의 파수꾼'으로서 축산물 유통의 투명성을 높이는 것을 목표로 한다. 그러나 축사에 갇혀서 살다가 도살장에서 죽어가는 소들은 사실상 세상에 존재하지 않는 셈이다.[10] 어떻게 살고 어떻게 죽는지 보이지 않고 드러나지 않기 때문이다.

개체식별번호가 아닌, 이름을 가진 다섯 꽃풀소는 신월리 주민으로서 살아가며, 달뜨는 보금자리 가족으로서 세상에 존재한다. 계절에 따라 여러 종류의 풀을 먹고 한낮에는 흙밭에 누워 바람을 맞는다. 그런 곳에 있다 보면 소들이 '고기'로 태어난 존재였다는 사실, 여전히 매일 도살되어 식탁에 오른다는 현실을 잠깐 잊고 어떤 착각에 빠지기도 한다. 착각이 아니라 꿈인지도 모르겠다. 소들의 귀에 붙은 인식표가 보일 때마다 잠깐 잊고 있던 사실이 떠오르지만 착각은 쉬이 사라지지 않는다. 착각 혹은 꿈은 종종 변화를 가져오기도 하니까. 생추어리가 다른 삶, 다른 방식의 관계 맺기를 상상하게 만들고 그게 현실을 바꾸는 하나의 방법이 되리라 기대하는 건 사람들의 인식이 조금씩 달라지고 있음을 실감하기 때문이다.

인천에서부터 소들이 이동할 때마다 도와준 트럭 기사는 농장을 운영하는 농장주이기도 했다. 소에 대해 잘 알고 있었고 직접 채혈을 할 수 있을 정도로 소를 잘 다룰 줄 알았다. 보금자리에 관심이 많았고 승찬 활동가는 그게 '신기'했다.

"처음에는 소개를 받았는데, 지금까지 소들이 이동할 일이 있으면 운송을 해주시고, 도움을 많이 주셨어요. 동물단체가 소를 구해서 키운다는 것에 굉장히 호감을 갖고 계셨죠. 너무 좋은 일이라고, 활동가들한테 어떻게 이런 일을 할 생각을 했냐고 물어보셨어요. 이상하죠? 저희한테 임시거처를 빌려주셨던 농장주 같은 분이었던 거예요. 두 분 다 소를 키우는 분들인데 저희를 이해하는 거잖아요. 마을 주민 중에도 저희가 하는 활동을 보고 답답해하는 분들도 계셨는데, 지금은 그런가 보다 하시는 것 같아요. 돌봄가족과는 더 친하게 지내시고요. 그런 게 좋은 것 같아요. 꽃풀소들이 여기 오면서 축산업을 하시는 분들과 소통하게 됐는데, 이렇게 우리가 만날 수 있고, 또 같이 일할 수 있는 사람들이 늘어나는 게 긍정적인 방향이 아닌가 생각해요. 저희도 '지금 당장', '동물해방'이라는 구호에서 '함께 살자', '지구살림' 이렇게 바뀌어가고 있고요."

그러니까 달라지는 건 활동가들도 마찬가지였다. 활동가들 그리고 동물단체들이 '적'으로 생각해왔던 사람들, 대척점에 있다고 생각한 사람들이 실제로 보금자리에 도움을 주고 있는 사람들이라는 사실이 이지연 대표는 아이러니했다. '적'과 대화하면서 문제를 풀어갈 수 있음을 동해물은 경험했고, 이 경험이 단체가 갖고 있던 '가능성'의 범위를 넓혀주었다고 느낀다. 활동의 동기는 분노일 수 있지만 그것만으로는 활동을 지속할 수 없다. 운동을 계속해나갈 힘은 사랑이라는 걸, 동해물은 알게 됐다. 이 아이러니는 동해물이 보금자리를 운영하면서, 또 새로운 활동을 계속하면서 잊지 않아야 할 것 중 하나였다.

"이전에 적으로 표현했을 수도 있었던 분들과 협력을 하면서 여러 생각을 했던 것 같아요. 저희는 동물을 사육하는 분들에 비해 동물에 대해 모르는 게 많고, 소에 대해 가장 잘 아는 분들은 소를 키우는 분들인 거예요. 갈등 구도로만 보면 길을 만들 수 없을 것 같아요. 처음에는 보금자리가 변화를 이끌어내야 한다는 목표만 생각했다면, 지금은 살림을 어떻게 전환할 수 있을지, 그러니까 동물살림과 마을살림, 지구살림이 같이 연결되는 살림을 보여주고 싶고, 또 축산업 종사자들과 어떻게 협력해야 할지까지 생각하게 됐어요. 세상을 바꾸는 건 결국 사랑이고요. 어떻게 보면 꽃풀소들이 저희한테 선물을 준 것 같아요."

서로돌봄과 서로살림의 공간으로 확장해가는 곳

다시 봄. 달뜨는 보금자리의 1년이 지났다. 신월리에서 맞는 두번째 봄은 꽃풀소들의 이사 준비로 정신없이 바빴다. 1년 사이에 소들은 몸집이 더 커졌다. 보금자리 활동가들은 소들이 지내는 공간을 넓히기로 했다. 이와 동시에 동해물과 신월리가 공동으로 기획한 '비건청년마을' 프로젝트도 실행 중이었다.

비건청년마을은 동해물이 신월리 달뜨는 마을 공동체와 업무 협약을 맺으며 '동물살림'과 '마을살림', '지구살림'을 목표로 준비해온 프로젝트다. 2024년 행정안전부가 주관하는 '생활권 단위 로컬 브랜딩 지원사업'에 선정되면서 꽃풀소 보금자리를 확장하고 청년들의 거주 공간과 폐교를 활용한 교육문화 공간을 지을 수 있게 되었다. '비건청년마을'은 2025년 봄에 완공을 목표로 재단장을 시작했다.

확장 공사를 위해서 먼저 소들을 근처 임시보호처로 옮겨야 했다. 2024년 4월, 오랜만에 보금자리를 방문한 날은 이사를 위해 비닐하우스를 정리하는 날이었다. 먼저 2023년 여름부터 쌓아 모은 두엄을 밭으로 옮기기로 했다. 보금자리에서 몇백 미터 떨어진 밭은 여름에 양삼 씨앗을 심어놓은 곳이었다. 퍼머컬처를 꿈꾸는 현욱 활동가는 밭을 열쇠구멍 모양으로 만들었다. 이곳에 꽃풀소들이 만든 퇴비를 뿌렸다.

비닐하우스 벽면 한쪽을 산처럼 채운 두엄은 활동가 한두 명이

치울 수 있는 양이 아니었다. 작업을 위해 동해물 회원들과 보금자리 살리미들이 나섰다. 단단하게 굳은 두엄을 삽으로 깨부수고 수레에 담아 밭으로 옮겼다. 오래 발효된 두엄일수록 황토색에 가까운 흙이 되어 있었다.

계획대로라면 다섯 꽃풀소들은 활동가들과 함께 도로를 걸어서 이동할 예정이었다. 임시보호처는 1킬로미터 떨어진 멀지 않은 곳에 있었고 1년간 소들과 쌓아온 신뢰는 그 거리를 함께 걸어가기에 충분하다고 생각했다. 소들은 고기가 아니라 신월리 주민으로서, 또 현욱과 타샤와 가야와 솔의 가족으로서 동네를 같이 걸어갈 계획이었다. 돌봄가족들과 활동가들은 이른 아침 꽃풀소 다섯 명과 함께 신월리 도로를 걸어갈 생각에 조금 들떠 있었다.

하지만 기대했던 일은 일어나지 않았다. 채혈에 실패했기 때문이었다. 주삿바늘을 본 소들이 몸부림치며 길길이 날뛰었다. 소들의 목에 줄을 거는 것조차 어려웠다. 1톤 넘게 무게가 나가는 꽃풀소들이 그렇게 빠르게, 그렇게 높이 뛸 거라고는 예상하지 못했다. 꽃풀소들을 돌봐주던 수의사도, 소를 구조할 때부터 도움을 줬던 농장주도 날뛰는 꽃풀소를 보고는 차량으로 이동하는 게 좋겠다고 했다.

임시보호처는 지금은 사용하지 않는 축사였다. 비어 있은 지 좀 오래되었지만 공간이 넓었다. 꽃풀소들이 오기 전, 활동가들은 축사를 청소하고 바닥에 톱밥을 두툼하게 깔았다. 톱밥에서 나는 피톤치드 향이 축사 전체에 풍겼다. 꽃풀소들의 이삿날, 아침 일찍 임시보호처에 소들이 먹을 건초가 도착했다. 트럭 가득 실린 건초더미를 열 명 넘는 활동가들이 내리고 옮기고 쌓았다.

건초가 축사 한쪽 편에 쌓이는 동안, 보금자리에서는 소들의 이동 준비가 한창이었다. 소들이 안전하게 이동할 수 있게 도와줄 기사는 인천 농장에서부터 꽃풀소들이 이동할 때마다 함께해준 분이었다. 메밀과 머위, 엉이가 먼저 출발했다. 소를 태우는 과정은 조심스러웠다. 기사는 다른 축사에서 소들이 차량에 올라타지 않으려고 할 때 몰이채를 쓴다고 했다. "여기는 그런 거 쓰면 안 되잖아요!"라며 그가 허허 웃었다. 기사는 소들이 스트레스를 덜 받도록 서두르지 않으면서도 소들이 차로 들어갔을 때 재빨리 칸막이로 분리(소를 한 명씩 분리하지 않으면 이동 중에 부딪힐 수 있어서 분리해 이동한다.)하는 등 손과 발을 빨리 움직였다.

새로운 축사에 들어간 소들이 잠깐 냄새를 맡더니 톱밥 위를 신나게 뛰었다. 미끄럼틀 타듯 축사 끝까지 내달린 부들이 속도와 무게를 이기지 못하고 앞발을 살짝 접질렸다. 크게 다쳤을까 봐 부들의 걸음걸이에 모두의 시선이 쏠렸다. 다행히 별 탈은 없었지만 활동가들은 가슴을 쓸어내려야 했다. 꽃풀소들의 보금자리 생활도 1년이 넘었지만, 여전히 하나부터 열까지 조심스러웠고 모르는 것투성이였다. 동물이 고기가 아닌 생명으로서 살아가는 세계의 한계랄까, 어려움은 늘 있었다.

보금자리 완공까지는 아직 1년 가까이 남았다. 완공되고 나면 꽃풀소들이 살던 곳, 평생의 보금자리로 돌아갈 것이다. 소들의 여생을 책임지겠다는 약속을 지키기 위해 고군분투했던 시간은 소들의 보금자리뿐 아니라 인간동물의 보금자리와 서로돌봄의 공간이 필요하다는 걸 배우는 시간이기도 했다. 동해물이 신월리 마을과 계획하고 있는 비건청년마을은 '함께 살자'로 구호가 바뀌고 '서로살림'의 공간으로 확장해가는 과정이었다.

서로살림의 공간에서 소들은 '여생'을 보내고 소들을 돌보는 가족들도 함께 살아간다. 이곳에 고기가 아니라 생명으로 살아가고 있는 소들을 만나고 싶어하는 사람들이 찾아오고, 그런 사람들끼리 연결되며, 사람들은 소와 가까워진다. 끊어지고 멀어졌던 인간동물과 비인간동물의 사이가, 또 분리되어 있던 지역과 도시가 다시 이어지고 회복하며 생태공동체를 만들어간다. 현욱 활동가가 꿈꾸는 보금자리이자 마을은, 우리가 잃어버린 인간다움과 동물다움을 되찾는 길이기도 했다.

승찬 활동가도 꽃풀소를 보면서 사람들이 새로운 질문을 할 수 있기를 기대한다. 꽃풀소는 살아 있는데 왜 어떤 소는 도살되는지, 도살되는 소들은 왜 두 살도 되지 않아 죽어야 하는지, 소들의 삶이 가려지고 지워져 있을 때는 할 수 없었던 질문들이 많아졌으면 한다. 생추어리를 보고 생기는 질문들이 서로를 연결하고 더 많은 생추어리를 꿈꾸게 되기를 기대한다. 그런 이유에서 그는 꽃풀소들이 한국에서 가장 오래 산 '최고령' 소가 되었으면 한다. "그 후로 오래오래 행복하게 살았답니다."라는 결말이 동화가 아니라 현실에서 가능하다는 것을 달뜨는 보금자리의 꽃풀소가 보여줄 수 있기를 바란다.

▲ 비닐하우스에 모아둔 두엄 옮기기

▼ 임시보호처로 이사하기 위해 모인 활동가들

▲ 임시보호처에 톱밥 깔기

▼ 엉이와 승찬 활동가

보금자리 확장 공사를 위해 임시보호처로 옮긴 꽃풀소들

이제 막 생기기 시작한 생추어리라는 말이 아직 낯설고, 여전히 생추어리라고 하기에는 아쉬움과 한계가 있지만, 그럼에도 생추어리가 어떤 곳인지를 생각할 때 "동물들도 자기 집을 갖고 싶다."라고 표현하면 쉽지 않겠냐고 했다. "집이 필요하다."가 아니라 "자기 집을 갖고 싶다."라는 말을, 그 표현을 계속 곱씹어보게 된다.

동물들이 자기 집을 갖는다는 동화 같은 애기를 가능한 세계로 만들어가는 곳. 그러니까 여기 달뜨는 보금자리는 서로 돌보며 만들어가는 다정한 공간이자 "우리는 똑같은 동물"이라고 소리치며 함께 투쟁하는 세계이다.

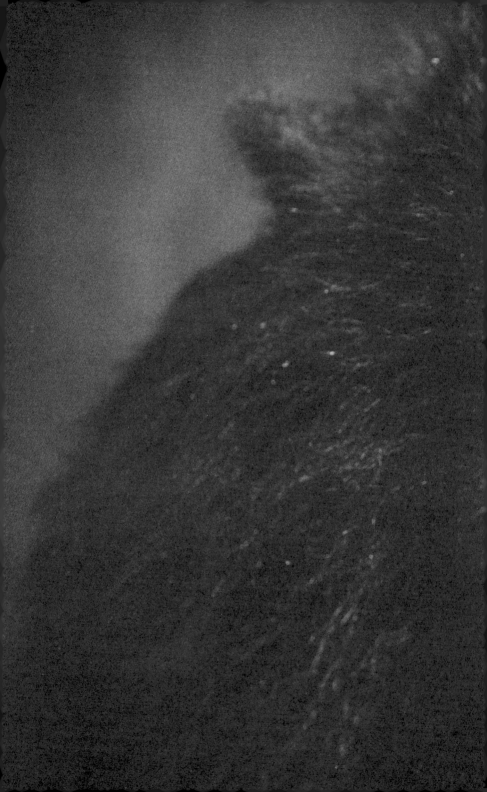

야생의 숲과
철제 사육장,
그 사이에

화천 곰 보금자리

글 **김다은** | 사진 **신선영**

솔 홈페이지

♥ 후원

 project_moonbear

방사장(곰숲)의 알코르

무더운 여름, 생추어리 곰들은 괜찮을까?

손톱 거스러미 같은 작은 개미들이 긴 대열을 이루며 파이프 위를 올라간다. 마치 분신술을 쓴 것처럼 똑같이 생긴 개미들은 급한 약속이라도 있는 듯 부산스럽다. 개미떼를 눈으로 쫓으며 고개를 들어올리자 파릇파릇한 초목 사이로 햇빛이 눈을 찌르듯 떨어졌다. 이마에 흐르던 땀방울이 귓구멍으로 주룩 흘러내렸다. 곰숲이라 부르는 약 330제곱미터(100평) 규모의 방사장에 나간 덕이는 자신을 기다리는 사람들에겐 무관심한 채, 해먹 위에서 엉덩이를 비비며 편하게 누울 자세를 잡는다. 좁은 우리보다 시원해서인지 쉽사리 몸을 움직일 생각이 없다. TV와 선풍기를 켜놓고 소파에 누운 내 모습 같기도 하고. 덕이는 뭘 구경하는 걸까? 자신을 우리로 돌아오게 하려고 땅콩을 던지며 말을 거는 사람들? 땅에서 올라오는 더운 입김에 감겨 맥없이 꼬리를 흔드는 박새들? 단내를 풍기며 곰숲 안에서 대롱거리고 있는 장난감?

'삐잇- 삐잇-' 우리로 돌아올 때를 알리는 '리콜 사인'이 다시 곰 보금자리 우리에 울려 퍼졌다. 방사장을 중심으로 위층 우리를 U라인, 아래층 우리를 L라인이라고 부르는데(그래서 처음에는 곰들을 우리 위치로 불렀다. 예컨대 L라인 여섯번째 칸에 있는 미남이는 L6라고 부르는 식이다. 모든 곰들은 각자 '자기만의 방' 한 칸씩을 쓴다.) 각 라인마다 리콜 사인이 다르다. 리콜 사인을 이해하는 것은 중요한 훈련 중 하나다. 처음에는 곰이 우리 안에 있을 때 리콜 사인을 들려주고 작은 보상으

로 간식을 주는 것에서 시작한다. 소리와 맛있는 음식을 연결해 생각하도록 하는 것이다. 익숙해지면 복도에 나오게 한 다음 리콜 사인을 들려주고 우리에 들어갔을 때 보상을 준다. 조금씩 거리를 넓힌다. "소리를 듣는다→우리로 돌아간다→좋아하는 것이 있다!"라는 공식을 이해하도록 한다.

함께 곰숲에 나갔던 소요는 훈련해온 대로 이미 한 시간 전에 제 우리에 들어갔는데 덕이는 시치미를 떼고 좀체 들어갈 생각을 하지 않는다. 오히려 해먹에서 몸을 일으키더니 세 발로 땅을 디뎌 웅덩이(수영장)에 다가가서는 앞발에 물을 찍어 홀짝홀짝 마시며 여유를 부린다. 덕이는 어릴 때 옆 칸 곰에게 공격을 당해 한쪽 발을 쓰지 못한다. 같은 사육농장 출신인 덕이와 소요는 2023년 3월에 구조되었고, '곰 보금자리'에서 생활한 지 1년 6개월이 되어간다.

2024년 8월 4일, 강원도 화천군 상서면 봉오리에 위치한 곰 보금자리 우리에는 '물 먹은 더위'가 여전히 기세등등했다. 나흘 앞둔 입추가 민망할 정도였다. 최근에는 비가 내리지도 않았는데 왜 이렇게 습한지 의아해하며 둘러보니 우리 한 칸마다 수영장(고무대야)이 하나씩 있고 매일 오전 물청소를 반복해 바닥에도 물기가 가득했다. 우거진 풀숲에서 내뿜는 젖은 공기도 만만치 않았다. 땀이 한 방울씩 흐른다는 느낌은 없어진 지 오래였다. 섭씨 35도에 육박하는 온도에 습기까지 더해진 '삼복더위'에도 활동가들은 긴 바지 작업복에 무거운 작업화를 신고 위아래 우리를 이리저리 오갔다. 겉에 입은 조끼와 작업복 주머니마다 짐이 가득했다. 안전장비인 곰 스프

방사장에서 낮잠을 자는 덕이

레이부터 넓은 보금자리 안에서 활동가끼리 소통하기 위한 무전기, 곰들을 이동시킬 때나 틈틈이 규칙들을 잊지 않도록 훈련할 때 쓰는 땅콩 한가득, 뭐든지 자를 수 있는 전지가위와 각 우리의 수영장 물을 뺄 때 밸브를 푸는 렌치 등이다. 완전무장을 한 활동가들이 야외에서 더위를 나는 유일한 무기는 '얼음물' 딱 하나다.

오늘 오후 계획은 오전에 곰숲에 내보냈던 덕이와 소요를 다시 우리로 돌려보내고 주영이와 우투리가 곰숲에 나가 놀도록 하는 것이었다. 곰숲에서 도통 나올 생각이 없는 덕이를 김민재·도지예 활동가가 맡기로 하고, 조아라 활동가와 일요일마다 서울에서 화천으로 오는 이세림·최태규 활동가는 오후 요깃거리를 나눠주는 일을 맡았다. 비탈길 아래, 컨테이너로 된 음식 창고에서 준비해온 얼린 토마토와 셀러리, 단호박, 습식 간식 그리고 장난감 겸 간식인 2미터가 넘는 옥수숫대도 우리마다 두세 개씩 나눠줬다.

간식을 먹고 장난감을 갖고 노는 동안에도 인간이 내는 소리 외에 곰 열세 마리가 함께 있는 우리는 고요했다. 가끔 철창 밖으로 고개를 내밀다 얼굴이 너무 가까워진 옆방 칠성이 때문에 칠롱이가 짜증 섞인 한숨을 뱉었다. 어푸가 수영장에 들어가 '푸-' 하는 기분 좋은 소리를 내며 복도를 오가는 사람들을 구경했다. 짧은 어절로 된 소리 외에는 어떤 요란함도 없었지만 이곳에는 무성한 생의 활력이 느껴졌다. 풀냄새와 젖은 곰털의 냄새, 채소가 소화돼 나온 배설물 냄새가 뒤섞여 코끝에 맴돌았다. 불쾌하진 않았다. 후각을 자극하며 사방을 채운 곰 냄새에는 삶을 건사하는 존재들의 몸에서 나

곰 보금자리 프로젝트 최태규 활동가

기 마련인 복잡하고 치열한 냄새와 집요한 돌봄을 하고 있는 인간의 냄새 같은 것이 뒤섞여 있다.

낯선 새소리를 실어오는 우거진 숲과 곰들이 탈출하지 못하게 인간이 콘크리트로 막아놓은 철제 사육장. 그 사이에 놀거리를 인위적으로 만들어놓은 곰숲이 있다. 그곳을 거니는 작은 체구의 곰들 역시 지금껏 '사이'에 존재해왔다. 야생과 인간이 개입한 역사 사이, 자연과 인간의 욕망 사이, 그 사이에서 사육곰의 삶은 송두리째 손상돼왔다. 곰 보금자리 프로젝트는 그것의 회복에 집중한다. '자유' '해방'이라는 단어 대신 '감금된' 현실을 인정하고 '좀 더 나은' 일상을 지탱해줄 돌봄에 애를 쓴다. 감금이 끝날 수 있을까? 이들은 그것을 '헛된 희망'이라고 한다.

우리는 그런 헛된 희망은 품지 않는다. 곰에게 해를 가한 사람들을 처벌할 생각도 하지 못한다. 다만 우리는 철창 너머에서 숨 쉬는 곰들에게 일상이 너무 좌절로 가득 차지 않았으면 좋겠다는 생각뿐이다. 짜증나는 날도 있겠지만 너무 큰 상처는 입지 않으며, 매일매일 몰두할 수 있는 일, 재밌는 일도 경험하기를 바란다.[1]

물론 뚜렷한 목표는 있다. 2024년 3월 기준, 한국에는 18개 사육곰 농장에 280마리의 사육곰이 남아 있다.(곰 보금자리 프로젝트 역시 사육농장으로 집계됐다.) 곰 보금자리 프로젝트는 야생동물로 태어났지만 인간이 만든 구조물에 갇혀 '곰답게 살아보지 못한' 이들의 생을 실제적으로 개선하고자 한다. 그래서 곰 생추어리를 짓고자 한다. 한국에서 웅담 채취를 위해 길러졌던 사육곰을 구조해 여생을 안전한 환경에서 살 수 있게 하기 위한 시설이다. 체계적인, 그렇기 때문에 가능한 유연한 돌봄과 구체적인 목표는 곰 보금자리 프로젝트의 가장 큰 특징이다.

한국 사육곰의 수난사

한국의 사육곰은 광택 나는 검은 털과 가슴 중앙에 하얀 반달모양 무늬를 가지고 있다. 천연기념물이자 멸종위기 야생동물로 지정된 토종 '반달가슴곰'과 외형적으로 큰 차이가 없다. 반달가슴곰은 전 세계적으로 일곱 개의 아종으로 구분되는데 한국에서 종 복원을 하며 보호하고 있는 종은 우수리 아종이다. 사육곰은 주로 일본 아종 혹은 티베트 아종이다. 아종 구분이 다를 뿐 같은 '반달가슴곰'이지만 지금 현재, 둘의 운명은 크게 다르다.

한국에서 반달가슴곰 수난사가 본격적으로 시작된 시기는 20세기 초 일제강점기 때다. 조선총독부에 의해 해수구제사업이 시작됐는데 당시 조선총독부는 사람에게 위해를 끼치는 해수害獸, 즉 해로운 짐승을 사냥한다는 명분으로 한반도 토종동물의 씨를 말렸다. 곰, 호랑이, 표범, 늑대 등 크고 작은 포식동물의 남획을 주도했고 개체수가 급감했다. 당시 반달가슴곰은 1000마리 넘게 죽었다는 보고도 있다. 이후 한국전쟁과 급속한 근대화를 거쳐 서식지가 파괴되고 이색 보신문화에 의한 밀렵이 횡행하면서 반달가슴곰은 다시 파란을 겪었다.

1972년 곰 사냥이 금지된 이후에도 '축산 붐'에 힘입어 밀렵은 계속됐다. 1979년《조선일보》보도에 따르면 '이색 축산 붐'으로 멧돼지부터 곰, 칠면조, 사슴, 오골계 등을 기르는 농장이 늘어나면서 이들이 엄연한 '경제동물'이 되었다고 설명한다.

곰은 우리나라에서 거의 멸종단계에 이르렀지만 아직 태백산맥·지리산 등지에는 서식하고 있음이 확인되고 있다. 지난해만 해도 3살짜리 곰을 밀렵해 250만 원을 받고 암거래하다가 적발·입건된 이도 있다.[2]

한국의 사육곰은 대개 반달가슴곰의 일본 아종으로 토종 반달가슴곰과 외형적으로 큰 차이가 없다. 사진은 낮잠 자는 칠성이의 모습.

'이색 가축'을 부위별로 즐기던 부자들의 취향으로 인해 자연에 사는 곰이 씨가 마르자 '웅담'에 대한 사람들의 욕망을 채워줄 다른 방법이 필요했다. 1970년대 후반부터 사육곰 거래는 본격화된다.

1980년대는 흥미로운 시기다. 형식상의 '보호'와 '도살'이 경계를 넘나들었다. 1981년 정부는 농가 소득 증대 방안의 일환으로 곰 사육을 장려하는 정책을 펼쳤다. 1982년 반달가슴곰은 천연기념물로 지정되었다. 1983년 마지막 야생 반달가슴곰이 설악산국립공원에서 밀렵됐다는 소식이 알려지면서 변화가 필요하다는 여론이 조성되었다. 그런데 이 곰의 웅담을 정부가 경매에 부치는 희한한 일도 벌어졌다. "입찰자들이 웅담 가격을 2000~3000만 원 수준으로 써넣자 문화재관리국은 그걸로 부족하다고 판단해 재입찰했고 결국 4600만 원을 써낸 한의사가 웅담을 가져가기로 했다."[3] 이 곰을 박제했던 박제사 최원용 씨의 발언이 6월 11일자 《조선일보》 「한마디」 코너에 이렇게 실렸다.

지금까지 12년 동안 박제를 해왔지만 이번처럼 가슴 아팠던 적은 없습니다. 그 순한 반달곰의 몸에 뚫린 두 군데의 총구멍과 깨어진 머리통을 보고는 박제사를 직업으로 택한 것이 후회스럽기까지 하더군요.[4]

한탄으로 시작하는 이 기사는 "박제보다는 자연 그대로 살아 움직이는 동물이 훨씬 더 보기 좋지 않습니까?"라는 그의 질문으로 끝난다.

1985년에 사육곰 수입이 중단됐지만 이미 국내에 자리 잡은 사육곰 시장은 쉽게 줄어들지 않았다. 1991년 《조선일보》의 「살아 있는 곰 웅담만 빼낸다」라는 기사에서는 월 소득 300만 원이 넘는 이색 곰 사육가가 소개되기도 했다. "1000만 원이 넘는 곰을 웅담 때문에 잡는다는 것이 너무 잔인하고 안타까워서" 수백 마리의 동물(특히 돼지)을 대상으로 실험한 끝에 곰의 배꼽 부위를 개복해 쓸개에 추출기를 부착하고 산 채로 곰의 웅담을 채취하는 기술을 익혔다는 내용이다. "소비자가 추출을 확인하기 때문에 요즘 판을 치는 가짜의 피해를 막을 수 있다."라며 자신의 '웅담 추출 수술'의 장점을 설명했다.

이런 괴괴한 시대 분위기 속에서 국제사회의 여론을 의식한 정부는 1993년 '멸종위기에 처한 야생동·식물종의 국제거래에 관한 협약CITES'에 가입하며 곰의 수출을 금지한다. 하지만 이 시기에 이미 국내 사육곰 산업은 수출을 목적으로 하고 있지 않았기 때문에 큰 영향을 끼치지 못했다는 평가도 나온다. 이후 정부는 국내 사육곰의 '용도변경(도살)'을 끈질기게 합법으로 유지했고, 20세기 들어 시민단체들의 목소리가 더해지면서 비로소 2023년 12월 '야생생물 보호 및 관리에 관한 법률(야생생물법)' 시행령 개정안이 본회의를 통과했다. 2026년 1월 1일부터 누구든 사육곰을 소유·사육·증식할 수 없고 사육곰과 그 부속물(웅담)을 양도·운반·섭취할 수 없게 됐다. 50여 년 만에 국내 사육곰 산업이 종식을 맞게 된 것이다.

하지만 환호하기는 이르다. 곰 보금자리 프로젝트는 여전히 농장

에 남아 있는 곰들의 고통은 이어지고 있다고 말한다. 법률의 글자들이 바뀐 것과 상관없이 그 삶은 여전하다. 오히려 사육곰 산업이 사양길로 접어들면서, 또 2026년 곰 사육이 완전히 종식된다는 선언이 나오면서 농장주가 사육곰 환경을 개선하리라 기대하기는 더 어려워진 상황이다. 현재 사육농장에 남아 있는 곰들이 2026년 이후에 어디로 갈 것인지에 대한 질문도 남는다. 국립공원공단이 운영할 구례의 생추어리와 국립생태원이 운영할 서천 생추어리가 설립될 예정이지만 이 두 보호시설의 수용 마릿수는 120마리 내외다. 최소 100여 마리의 개체가 보호시설에 들어가지 못한다.

"지금 환경부의 기조는 농가에서 알아서 곰을 도살하라고 유도한다는 것인데 현재 농가에서 이루어지는 도살 방식은 비인도적입니다. 사육곰 정책을 끝내는 상황에서 정부가 책임 의식을 느끼고 온전히 체계적으로 마무리하는 태도를 보여야 한다고 생각해요."[5]

정부가 곰 매입에 대한 책임도 시민단체에 미루고 있다는 것이 곰 보금자리 프로젝트의 주장이다.

덕이가 곰 보금자리로 이사 온 날

2023년 3월 덕이는 소요와 함께 10여 년 동안 살던 동촌리 사육곰 농장에서 이곳 곰 보금자리 프로젝트의 우리로 삶의 터전을 옮겼다. 이전에 지내던 우리와 크기는 크게 다르지 않다. 사방이 철창으로 막혀 있는 13제곱미터(4평) 남짓한 작은 공간. 몸을 숨기고 싶을 때 들어갈 수 있는 좁은 내실 하나와 딱딱한 시멘트 바닥. 공간의 골격은 같지만 차이도 있다. 공간을 '채우는' 것들이다. 곳곳에 낡은 소방호수로 만든 놀잇감이 있고 그 사이에 신선한 채소와 과일이 숨겨져 있다. 야생곰의 본능을 살려주는 행동 중 가장 대표적인 것은 계속해서 먹이를 찾게 하는 것이다. 북극곰을 제외한 대부분의 곰은 식물성 먹이를 먹는 '기회적 잡식성' 동물로 진화했기 때문이다.

"반달가슴곰은 육식동물의 몸을 가지고 있지만 호랑이나 표범 같은 동물들과 먹이 경쟁을 해 이기기 힘들었어요. 그래서 환경의 틈새를 파고드는 전략을 택했죠. 땅을 파서 뿌리를 먹고 바닥에 떨어진 과일도 주워 먹고 개미나 애벌레를 먹고……. 사냥을 하지 않아도 먹을 수 있는 사방에 널린 식물성 먹이를 먹었습니다. 이런 걸 먹으며 몸을 유지하려니 많이 먹는 수밖에 없었어요. 게다가 장이 짧은 육식동물의 소화기관을 가지고 있어서 섬유질을 소화시키는 능력이 낮거든요. 많이 먹고, 많이 싸는 게 '곰다운' 행동이에요. 그래서 야생곰은 자연에 씨앗을 퍼뜨리는 중요한 역할을 하기도 해요. 갇혀 있을 때는 매일매일 이런 몸의 욕구가 좌절됐는데, 그래서 우리는 '최대한 오래 먹이를 찾으며 지루해하지 않는 욕구'를 채워주는 것에 공력을 들입니다."[6]

우리 안에 설치해둔 풍부화물은 곰의 야생 본능을 살려주고 먹이를 찾으며 지루해하지 않게 해준다.

덕이와 함께 구조된 소요

야생의 욕구를 존중한다는 것은 생존에 유리한 행동을 할 수 있게 한다는 의미다. 먹이를 찾는 것, 사냥감을 쫓는 것, 친구들과 노는 것, 그런 '보통의 곰'다운 행동을 해야 행복하다는 의미이기도 하다. '보통의 곰'들은 물놀이를 광적으로 좋아한다. 그래서 올해부터는 방마다 수영장도 하나씩 만들었다. 아쉽게도 우투리만 수영장이 없다. 과도한 흥분이 불러일으킨 수영장 파손 사건 때문인데, 우투리가 몇 번이나 고무대야를 찢은 것이다. 우투리가 찢어발긴 고무대야 수영장을 보고 활동가들 눈이 휘둥그레질 때마다 우투리는 종잇조각처럼 갈기갈기 찢긴 고무대야 안에 앉아서 '왜 그렇게 놀라는 거야?'라고 되묻듯 멀뚱멀뚱 쳐다보곤 했다. 지금은 주영이와 놀 때 주영이 방으로 달려들어가 시원하게 물놀이를 즐기곤 한다.

이곳에 온 이후로 덕이와 소요의 삶에는 큰 변화가 생겼다. 채혈 훈련을 하고, 몸무게도 주기적으로 잰다. 규칙을 익히는 일이다. 글쎄, 어쩌면 귀찮은 일일까? 하지만 그게 전부는 아니다. 곰숲에 나가 처음으로 흙을 밟으며 그 감촉과 온도를 느꼈다. 다양한 높낮이의 구조물을 오르내리게 됐다. 털에 반지르르하게 윤기가 생겼다. 맛있는 것을 먹고 친구와 놀 수 있게 되었다. 1년 6개월 동안 덕이와 소요가 겪은 일들은 곰 보금자리에서 둘보다 먼저 살고 있던 다른 곰들이 앞서 겪은 일이기도 하다.

현재 곰 보금자리에는 덕이와 소요를 포함한 열세 마리의 곰들이 있다. 그중 덕이와 소요보다 오래 이곳에 머문 곰은 열 마리다.[7] 다른 점이 있다면 열 마리는 원래 이곳 화천 봉오리 사육농장에 계속

물놀이를 즐기는 어푸

살고 있다가 돌보는 이들이 농장주 부부에서 곰 보금자리 프로젝트 활동가들로 달라진 반면, 덕이와 소요는 차로 30분 거리에 위치한 동촌리 사육농장에서 이곳으로 '이사'를 오게 되었다는 것이다. '최초의 외부 구조'였던 만큼 덕이와 소요의 구조는 곰 보금자리 프로젝트 팀에게도 특별한 일이었다. '그날의 광경'은 이 프로젝트 팀의 진면목을 보여주기도 했다. 아직 시린 바람이 불던 때였다. 2023년 3월, 낯가림 심한 봄기운이 아직 나무 밑동에서 머뭇거리고 있던 초봄. 곰 보금자리 프로젝트 활동가들이 소요와 덕이를 데리러 그들이 살고 있던 동촌리 사육농장을 찾았다.

의식을 잃은 곰이 짚이 깔린 케이지 위에 누워 있다. 20여 년을 살던 사육농장을 떠나는 날이다. 길이 들지 않은 검은 털은 거칠고 투박하다. 반려동물이 아니니 사람 손을 탄 적은 없을 것이다. 하지만 잠든 곰의 뻣뻣한 털을 맨손으로 살살 보듬으면 익숙하게 몸을 기댈 것만 같다. 발바닥은 작다. 내 손바닥만 하다. 누운 몸도 조그맣다. 마주보고 서서 안으면 곰의 어깨에 얼굴을 기댈 수 있을지도 모른다.
대개 '곰' 하면 떠올리는 우람하고 위협적인 몸집의 곰과는 크기부터 다르다. 국내에 들어와 있는 사육곰은 대개 반달가슴곰 일본 아종이다.[8] 일본 아종은 반달가슴곰 중 몸집이 가장 작다. 반달가슴곰의 평균 키는 1.5미터, 평균 몸무게는 80~100킬로그램 정도 된다. 그런데 평생 콘크리트 철창 혹은 뜬장 안에 갇혀 지내며 음식물 쓰레기와 개 사료 등을 먹고 산 사육곰은 몸무게가 60킬로그램대에 불과한 경우도 많다. 시간이 더 지나 '덕이'라는 이름을 갖게 될 이 곰은 자신과 평생 함께 갇혀 지낸 또 다른 곰('소요')을 마취시키려는 사람들의 분주한 소음을 듣지 못한 채 잠들어 있었다. 뾰족하고 길쭉한 검은색 코 위로 햇살이 떨어져 반들반들 윤이 났다. 어릴 때 옆 칸 곰에게 공격을 당해 한쪽 뒷다리가 엉덩이 피부에 붙어버린 채로 열아홉 살이 됐다.[9] 아주 오랫동안 땅에 닿은 적이 없는 상한 발 위로 미약한 온기를 담은 3월의 바람이 낮게 스쳐 지나갔다.

2023년 3월 26일, 국내에 있던 사육곰 농장 스무 곳 중 한 곳이 문을 닫았다. 덕이와 소요가 곰 보금자리 프로젝트의 공간으로 이 사를 오게 되면서다. 한 마리당 200만 원. 그리고 업종 전환 지원 금도 농장주에게 지급했다. 한때 웅담용 어린 곰은 마리당 1500만

사육곰 구조 현장에서 수의사가 마취된 덕이의 상태를 체크했다.

원에 팔리곤 했다. 농장주 역시 그만큼의 수익을 기대하고 곰을 매입해 수십 년간 키워왔다. 기대했던 비용을 생각하면 농장주로서는 '아쉬운 장사'를 한 셈이다. 하지만 80대인 그는 웅담 채취용 사육곰 농장주라는 직업을 그만두기로 마음먹었다. "사육곰협회에서는 2~3년만 기다리면 (정부가) 곰값을 쳐줄 거라고 했지만 애들이(곰들이) 나이도 먹고 사료 값은 계속 들어가는데 수입도 안 되고, 기약 없이 계속 기다릴 수 없는 노릇"이었다. 그러다 곰 돌보는 단체가 있다는 걸 알게 됐다. 그는 고민 끝에 "나도 키우는 데 힘에 부치고, 이제 애들도 좋은 데 가서 잘 살았으면 해서" 농장에 남은 두 마리 곰을 보내기로 했다. 농장주는 활동가들이 분주하게 움직이는 구조 현장을 멀찍이서 바라봤다. 덕이의 다친 발에 대해서 묻자 "죽을 줄 알았는데 살더라."는 대답이 돌아왔다.

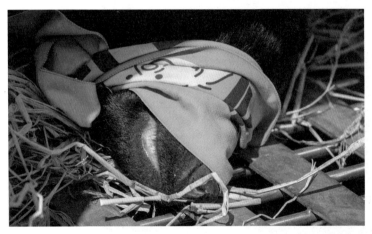

마취 상태의 덕이

▲ 덕이가 구조되기 전까지 살았던 동촌리 사육농장

◆ 덕이의 왼쪽 다리

▼ 덕이의 풋프린팅

"(어깨너비만큼 손을 펼치며) 이만할 때 저 일을 당했거든. 그때는 두 칸에 최대 여섯 마리씩 키우기도 했었어. 얘네가 번식해야 되니까 수컷, 암컷 같이 두기도 하고. 근데 수컷이 자기 새끼라도 어린 곰을 공격하기도 하거든. 쟤는(덕이는) 옆 칸 곰한테 공격을 당해서 한쪽 피부가 다 벗겨졌는데 그때가 한여름이었어. 치료는 당연히 안 했고, 곪아서 죽을 줄 알았는데 피부가 오그라들면서 아물더니 결국 살더라고."

두 마리 곰이 무진동 차량에 실려 그간 살던 동촌리 농장을 떠난 것은 오후 1시가 넘은 시간이었다. 바로 세 시간 전, 구조를 시작하기 위해 모였을 때의 긴장감은 어느 정도 안도감으로 바뀌어 있었다. 활동가들이 덕이와 소요가 살고 있는 사육곰 농장 인근인 강원도 화천 동촌리 폐교 운동장에 모두 모였던 시간은 오전 10시. 그 아침으로 시간을 돌려보자.

운동장에 모인 활동가는 총 열세 명이었다. 다들 구조 과정을 세세하게 정리해둔 타임테이블 서류를 살폈다. 구두로도 주의사항과 각자의 역할을 세세하게 다시 한 번 점검했다. 오늘 구조할 곰은 농장에 남아 있는 곰 두 마리였다. 곰 보금자리 프로젝트 활동가들은 3년 전 이곳 동촌리 농장에서 낡은 철창에 갇혀 정형행동(동물들이 좁은 울타리 안에서 행동에 제약을 느끼거나 스트레스 등으로 보이는 반복행동. 다른 물체에 몸을 비비는 등 몸을 상하게 한다. 217쪽 참고.)을 하고 있는 곰 두 마리를 처음 만났다. 그 이후 꾸준히 농장을 찾아 해먹을 설치하고 풍부화물(동물들의 행동을 다양화할 수 있는 여러 도구들)을 만들어 우리 안에 매달고 채소를 넣어주기도 하며 관계를 맺어왔다. 구조가 확정되기 몇 주 전부터 화천 상근활동가들은 매주 사료와 고구마 등을 주며 덕이, 소요와 얼굴을 익혔다. 이번 구조로 국내 사육곰 농장 한 곳이 사라진다는 의미도 있지만, 활동가들에게는 오랫동안 눈에 밟혔던 곰들을 마침내 구조한다는 다행스러움이 컸다.

웅담 수요가 없는 상태에서 농장주는 최소한의 비용으로 곰들을 키워왔다. 코로나19 팬데믹으로 식당에서 음식물을 구할 수 없게 되자 펠릿 형태로 된 소 사료 등을 먹였다. 그저 살아 있을 뿐, 곰들은 '죄 없는 무기징역수'처럼 생을 흘려보내고 있었다. 언제 석방될지 알 수 없는 긴 감금생활은 곰들의 몸과 마음을 파괴했다. 하지만 사람들 눈에 띄지 않는 곳에서 일어나는 기나긴 학대에 대해 사회는 무관심했다. 어떤 농장주는 곰들이 식사 전 철망을 잡고 고개를 젓는 정형행동을 두고 "애교를 부리는 것"이라고 생각하며 "공기 좋고 물 좋고, 곰들한테는 (농장이) 낙원"이라고 말하기도 했다.[10]

농장에 도착해 오늘 구조할 두 마리 곰의 컨디션을 확인하고 사과 사이에 진정제를 넣어 먹인 후 몽롱해졌을 때 블로건(blowgun)으로 마취약을 주사해 의식을 잃기를 기다렸다. 11시 30분경 첫번째 곰(덕이)이 의식을 잃었다. 혀를 잡아당겼는데 아무런 반응이 없었다. 눈꺼풀을 열어 눈을 확인해도 깜빡임이 없었다. 완전히 마취 상태가 된 것을 확인한 뒤에 천으로 눈을 가리고 건강검진을 시작했다. 한쪽 다리를 전혀 쓸 수 없는 덕이를 위해 휴대용 엑스레이 촬영 장치를 대여해왔다. 현장에서 바로 방사선 촬영을 했다. 체온을 재고, 입을 벌려 구강 사진을 찍고, 근육·항문·생식기 등을 확인했다. 수의팀은 심박수를 측정하며 바이탈 상태를 확인했다. 혈액과 분변은 검사 의뢰를 위해 서울 내 동물병원과 충북대 기생충실로 보냈다. 미리 준비한 동선에 따라 움직이고, 시뮬레이션을 해본 대로 구조가 이루어졌다. 여러 사람이 모여 있는데도 모든 과정은 하나의 흐름으로 자연스럽게 이어졌다. 곰 보금자리 활동가들은 대부분 수의학적 지식이 있는 전문가 혹은 동물원 사육사, 수의테크니션(동물보건사) 출신 등으로 구성되어 있다.

　두번째 곰(소요)도 의식을 잃었다. 호흡이 1분에 10회대로 떨어졌다. 마취가 된 것을 확인하고 예의 순서대로 다시 건강검진이 이루어졌다. 그동안 케이지 안에 옮겨졌던 덕이가 의식을 천천히 되찾았다. 동그랗고 작은 귀가 쫑긋 섰다. 철창 사이로 냄새를 맡으려는 듯 코를 킁킁거렸다. 사람이 다가가니 몸을 뒤척여 반대로 돌아 눕는다. '푸우…… 푸우……' 하며 돌고래 숨소리 같은 한숨을 뱉기도 했다. 큰 소리가 날 때면 불안한지 입을 벌리고 소리 없이 크고 빠른 숨을 내쉬었다. 그런 곰을 위해 사람이 해줄 수 있는 것은 없다. 자신에게 벌어질 일이 불행일지 행운일지 알 수 없는 시간을 곰은 그저 저 혼자 견뎌야 한다.

　소요까지 철창 케이지에 옮기고 마침내 둘은 새로운 보금자리로 이사를 했다. 앞으로 두 마리 곰들은 이전에는 하지 않았던 새로운 것들을 익히고 배워나가야 한다. 누군가 지어준 이름으로 불리게 될 것이다. 곰숲 산책을 위해 리콜 훈련도 해야 한다. 다른 곰들을 만나 냄새를 익히고 합사를 위해 한 공간에 같이 있는 법도 배워야 한다. 귀찮은 일투성이다. 하지만 호기심을 일으키는 새로운 일들이 벌어질 것이다. 처음 보는 장난감을 갖게 될 것이고, 물통 안에서 더위를 식힐 수 있을 것이다. 딱딱한 콘크리트가 아닌 폭신한 짚 위에서 원하는 자세로 안전하게 쉴 수 있을 것이다. 부드러운 발바닥에 상처가 덜 생길 것이다. 해먹에 누워 곰들의 식사를 훔쳐 먹으러 온 텃새들을 보게 될 것이다. 물을 채운 수영장 위로 햇살이 떨어질 때면 천장에 낮은 파도처럼 일렁이는 빛 그늘을 보게 될 것이다. 신선한 채소와 제철 과일을 먹게 될 것이다. 그리고 이 모든 일들은 활동가들의 관심과 돌봄을 통해 이루어질 것이다. 앞서 구조된 곰들이 그랬듯, 완벽하진 않지만 확실한 변화를 겪게 될 것이다.

사육곰 덕이와 소요의 구조 현장

곰 없는 프로젝트에서 곰 있는 프로젝트가 되기까지

곰 보금자리 프로젝트는 2018년에 시작됐다. 지금까지 열여덟 마리의 사육곰을 구조했고 현재 열세 마리를 보호하고 있다. 곰 보금자리 프로젝트의 시작은 최태규 활동가가 영국에서 응용동물행동학과 동물복지학을 공부하던 중 만난 친구가 한 말 때문이었다. 불가리아에서 온 친구였다. 자국의 곰 생추어리 자문을 맡게 된 친구가 한국에 사는 곰들의 사정을 물었다.

"지리산 반달가슴곰 복원 사업 이야기도 하고, 웅담 채취용 사육곰 농장 이야기도 같이 나누게 됐죠. 그런데 한국의 곰 사육농장에 아직 곰 500 마리가 갇혀 있다는 이야기를 했더니 그 친구가 '그럼 한국에도 곰 생추

두 마리 곰은 무진동 차량에 실려 화천 곰 보금자리로 이사했다.

어리가 있겠네.'라고 하더라고요. 그런 건 없다고 대답하니 엄청 놀라더라고요. K팝도 유명하고 한국은 잘사는 나라 아니냐고. 그런 나라에 왜 생추어리가 없냐고요. 할 말이 없더라고요."[11]

1990년대 후반, 불가리아가 유럽연합에 가입하던 즈음 동물복지단체들이 서커스 및 불법 동물원 등을 적발하면서 '곰을 포획해 수단으로 이용하는 행위'에 문제를 제기했고 이 행위가 불법이 되었다. 그 전에는 곰의 목에 사슬을 채워 끌고 다니면서 '북 치고 춤추는 곰 공연'으로 돈을 벌던 이들도 있었다. 하지만 2000년대 이후 새로운 질문이 던져졌다. "포로 생활에서 풀려난 곰을 어떻게 관리할 것인가"가 국가 이슈가 되었다. 그 과정에 해외 동물권 단체들이 적극적으로 개입했다. 불가리아 내에 생추어리를 만들고 서커스 곰들을 구조하는 정책 로비를 펼쳤다. 불가리아에서는 2007년 공식적으로 마지막 서커스 곰이 구조됐다. 이렇게 불가리아·세르비아 등 경제 수준이 높지 않은 동남부 유럽 국가를 비롯해 베트남·중국·인도 등 정부의 방조 아래 곰을 먹거나 곰을 이용해 수익사업을 벌여왔던 국가들에도 생추어리가 있다. 인간에 의해 포획돼 '가축'이 돼야 했던 곰들을 위한 보금자리가 국가 차원에서건, 시민단체 차원에서건 마련된 것이다. 야생동물인 곰들이 겪어야 했던 불행한 역사가 인간의 개입에 의한 것이라는 인식을 공유하고 있었기 때문에 가능했다.

유학을 마치고 돌아온 뒤 최태규 활동가는 동물단체들을 들쑤

시고 다니기 시작했다. 처음에는 직접 사육곰 문제를 해결하려던 게 아니었다. 자본과 자원이 있는 큰 동물단체들이 자리 잡고 있으니 사육곰 문제 해결을 위해 나서달라고 설득할 생각이었다. 2019년 녹색연합·동물자유연대·카라 등과 사육곰 문제를 다루는 연대체를 꾸려 '곰 재단' 설립을 목표로 실무단 회의 등을 진행했다. 하지만 녹색연합이 연대체를 나가면서 6개월 만에 와해됐다. 이후 카라에서도 사육곰 관련 사업을 중단했다. 단체들마다 생각이 달랐다. 사육곰 종식 이슈를 선점하려는 갈등도 있었다. 연대체가 와해됐지만 이후 곰 보금자리 프로젝트는 자기만의 길을 찾으면서도 함께 이슈를 키워갈 동료들과 연대의 끈을 놓지 않았다. 2019년 곰 보금자리 프로젝트는 동물자유연대와 함께 전국의 사육곰 농장 조사를 진행한 뒤 『사육곰 현장조사 및 시민인식조사 보고서』를 발간했다. 이런 과정을 거치면서 곰 보금자리 프로젝트는 국내 사육곰 문제 해결을 가장 적극적으로 주장하는 단체로서 점차 형태를 갖추게 됐다.

최태규 활동가 개인으로서도 분투하던 시기가 있었다. 2020년에는 청주동물원 안에 생추어리를 만들어보겠다는 마음으로 그곳에서 1년여간 일을 했다. 하지만 "생추어리는 요원하고 불합리한 관료제와 싸움만 하다 끝날 것 같은" 한계를 느꼈다. 생추어리를 만들겠다는 목적이 확실하게 있었기 때문에 떠나야 한다는 결심이 섰다. 이후 땅을 대주겠다, 보호시설을 지어주겠다며 나선 후원자들도 있었다. 하지만 저마다의 사정으로 모두 무산됐다.

그러던 중 2021년 5월, 강원도 화천의 봉오리 사육농장의 농장주로부터 연락이 왔다. 전국 사육곰 농장을 전수 조사할 때 만났던 농장주였다. 남성 농장주가 병석에 눕게 되면서 여성 농장주가 혼자 곰을 사육하고 있었다. 혼자 열다섯 마리의 곰을 감당하는 게 힘에 부쳐 곰들을 어찌 할까 고민하던 중에 곰 보금자리 프로젝트가 떠올라 연락을 한 것이었다. 곰 보금자리 프로젝트에게는 중요한 결정의 순간이었다. 동물단체는 동물이 실제로 있는 것과 없는 것의 차이가 크다. 동물이 없으면 말로만 일을 하게 된다. 결국 곰 보금자리 프로젝트는 2019년에 연대체를 함께 꾸렸던 세 단체에게 곰 인수를 위한 연대 사업을 제안했고 카라에서 이를 수용했다. 그렇게 농장에서 키우던 곰 열다섯 마리를 모두 매입하기로 결정했다. 문제는 이들을 데리고 갈 땅이 없다는 것이었다. 곰 보금자리 프로젝트는 농장주가 가지고 있던 사육농장을 빌리기로 했다. 공간을 조금씩 손보며 본격적인 돌봄을 시작했다.

곰 보금자리 프로젝트와 함께하는 사람들

당시 곰 보금자리 프로젝트의 예산이라는 것은 빈약하기 짝이 없었다. 곰들을 인수할 때까지도 한 달 후원금은 월 100만 원도 되지 않았다. 상근자를 둘 수도 없는 상황에서 1년여간 최태규 활동가를 비롯해 뜻을 함께한 봉사자들이 매주 일요일마다 화천 봉오리 농장을 방문했다. 삭막한 농장에 풍부화물을 설치하고 곰들의 건강을 확인했다. 하지만 주중 식사 등은 여전히 농장주에게 의지해야 하는 등 한계가 명확한 돌봄이었다. 그러다 2021년 5월 용인에서 사육곰 다섯 마리가 탈출해 그중 일부가 사살되는 사건이 벌어졌다. 해당 농가에서는 모두 여섯 차례에 걸쳐 열두 마리의 곰이 탈출한 전적이 있었고 그럼에도 여전히 농장을 운영하고 있었다는 사실이 밝혀져 대중을 놀라게 했다. 이 일을 계기로 여전히 시골에 갇혀 있는 사육곰들의 현실과 사육곰 농장의 처참한 실태가 드러났다. 곰 사육 금지법 제정이 필요하다는 목소리도, 농장이 아닌 보호시설이 있어야 한다는 목소리도 힘을 얻기 시작했다.

정부와 시민단체, 사육곰협회, 보호시설을 건립할 지자체 등이 모여 민관협의체가 구성됐다. 마침 환경부는 이전부터 지속적으로 목소리를 내온 시민단체들의 압력에 '사육곰 및 반달가슴곰 보호시설 공모사업'을 진행했던 차였고 전라남도 구례에 전국 최초의 반달가슴곰 생추어리를 짓기로 결정한 터였다. 해당 생추어리 조성에 투입되는 예산은 90억 원. 2024년까지 곰 50여 마리를 수용할 수 있는 2만 4000제곱미터 규모의 시설이 지어질 예정이었다. 곰 탈출 사건 이후 환경부는 구례에 이어 충남 서천군에 또 다른 사육곰 보호시설을 짓기로 결정했다. 곰 보금자리 프로젝트의 후원금도 늘었다. 여전히 자금은 부족했지만, 기존 농장 공간만을 활용한 돌봄을 돌파해야 한다는 생각을 실천에 옮길 때였다. 화천에 상주할 현장 상근자를 뽑고 방사장(곰숲)을 만들 계획을 세웠다.

2022년 7월 조아라·김민재 활동가가 화천 상근자로 일하게 되었고 같은 해 12월에는 강지윤 활동가가 합류했다. 조아라 활동가는 서울대공원과 청주동물원에서 사육사로 일했다. 동물을 좋아해서 어릴 때부터 장래희망을 물으면 '사육사'라고 말했다. 병아리, 햄스터, 거북이, 강아지. 그와 유년시절부터 지금까지 함께해온 동물들이다. 서울대공원에서 일할 때는 2년 6개월가량 유인원관에서 근무하기도 했다. 그의 차에는 아직도 오랑우탄과 침팬지 피규어들이 여럿 붙어 있다. 청주동물원은 동물복지를 실천하는 긍정적인 모델로도 호명되지만, 그럼에도 "어쩔 수 없이 보여주기식 사육을 해야 하는 게 있었"고 그런 것들이 마음을 계속 불편하게 하던 차에 최태규 활동가를 만났다. 조아라 활동가는 '사육'이라는 단어 대신 다른 언어로 동물들을 만나고 싶었다. 그렇게 곰 보금자리 프로젝트에 합류하기로 결심했다.

김민재 활동가는 동물단체에서 일했다. 근무했던 단체에서도 사육곰 관련 사업을 진행하고 있었지만 본인이 담당하고 있던 것은 아니었다. 오며 가며 곰 보금자리 프로젝트가 있다는 이야기를 들었고 동료들과도 이야기를 나누었다. 본격적으로 일요일 돌봄을 함께하게 된 것은 오히려 퇴사를 한 후였다. 동물과 여전히 연결되고 싶은 마음에 2021년 여름부터 화천 보금자리의 곰들을 돌보러 오곤 했다. 그러다 곰숲을 만들 예정이라는 이야기를 들었다. 사육사 출신 상근자가 한 명 오기로 했는데, 한 명이 더 있어야 곰숲을 운영할 수 있다고 했다.

▲ 강지윤 활동가

▼ 조아라 활동가

"누가 여기 와서 저 일을 할까 싶더라고요.(웃음) 근데 사람을 한 명 더 뽑지 못하면 곰숲을 운영할 수가 없다고 해서 불안했어요. 방사장이 생기면 곰들이 나가서 놀 수도 있는데 못하게 되면 어쩌나 하고요. 다시는 '동물판'에 발을 들이지 않을 생각이었는데 계속 마음이 쓰이더라고요."

그렇게 '사육곰 돌봄'을 시작하게 됐다. 무엇보다 단체의 목표가 단순하고 명확한 것이 좋았다. "여러 이슈를 다루는 캠페인을 하는 것도 아니고, 상근자가 많은 것도 아니고, 다른 단체와 경쟁하면서 '기싸움'을 해야 하는 것"도 아니었다. 이곳이라면 다르게 일할 수 있을 것 같다고 생각했다.

강지윤 활동가는 은평구 소재의 동물병원에서 수의테크니션으로 일을 하다 곰 보금자리 프로젝트를 알게 됐다. 곰 보금자리 프로젝트와 협력을 하던 병원의 원장이 관심 있는 사람 있으면 일요일에 돌봄을 하러 함께 가보자고 했다. 강지윤 활동가 혼자 손을 들었다. 그렇게 꿀 같은 주말 중 하루를 곰을 돌보는 데 썼다. 이후 동물병원을 나와 서울시 산하의 야생동물구조센터에서 일했다. 야생동물을 위해 활동하는 것은 원래부터 관심 있던 일이라 좋았지만 조직의 생리는 복잡했다. 동물이 아니라 사람이 힘들었다. 그러다 곰 보금자리 프로젝트에서 상근 활동가를 추가로 모집한다는 소식을 접했고 지원하게 됐다. 오래 알아왔던 사람들이라 어떻게 일하는지 알고 있었다. 믿음이 갔다. 채용되고 나서 아예 고양이 세 마리와 함께 화천으로 이주했다. 2024년부터 서울 사무국에서 일했던 도지예 활동가도 화천으로 내려와 상근 돌봄활동가로 함께 일하고 있다.

세상 끝의 보금자리로 가는 길

만약 나에게 '전국에서 가장 멀미하기 좋은 드라이브 코스'를 뽑을 수 있는 영예가 주어진다면 조금도 지체 없이 한 곳을 고르겠다. 강원도 산맥의 살벌한 정기가 여전히 살아 숨 쉬는 곳. 화천 상서면 봉오리에 위치한 곰 보금자리로 향하는 길이다. 화천을 둘러싼 백암산, 대성산 등은 모두 백두대간의 한 줄기인 험준한 한북정맥의 허리를 지킨다. 국내 최북단인 백암산은 화천군과 철원군에 걸쳐 있는 산으로 높이가 해발 1179미터다. 대성산도 지지 않는다. 1174미터. 대한민국 정상급 거인들이 인간이 아등바등 아스팔트를 부어놓은 도로 주위를 빼곡하게 둘러싸고 있다.

'굽이굽이'라는 것은 강의 아름다운 곡선을 설명할 때만 쓰는 표현이 아니다. 굽이굽이 쉴 새 없이 이어지는 가파른 커브 길을 오르내리다 보면 꼭대기마다 신령한 호랑이가 살 것 같은 웅장한 산세가 시야를 가득 채운다. 비가 뿌리고 지나간 날 고지대 도로를 달리다 보면 회색 구름 끝을 손으로 콕 찌르고 싶어진다. 머리 위로 물방울이 후두둑 떨어질 것처럼 하늘과 맞닿은 기분도 든다. 산머리에 흩어진 운무가 온갖 산짐승들의 숨을 씻어주는 길이기도 하다.

핸들을 꼭 부여잡고 브레이크를 누른 발에 살짝 힘을 주다 말다를 반복하면서 홀린 듯 차창 밖을 곁눈질하다 보면 아뿔싸, 산중턱에 자리 잡은 오늘의 목적지를 지나치고 만다. 고즈넉한 산속, 도로와 숲의 경계에 높은 철책이 있는데 그 가운데 입구가 있다. 얼핏 보면 그곳은 마치 '세상 끝의 보금자리' 같다. 한때는 갇힌 사육곰들의 서로 닮은 절망을 숨겨둔 곳이었지만 이제는 아주 조금씩 다른 이야기가 만들어지고 있는 곳이다.

펜스 입구로 들어가면 왼쪽에는 기존에 사육곰 농장을 운영하던 농장주의 주택이 조금 멀리 보인다. 오른쪽으로 고개를 돌리면 우리가 가려는 '곰 보금자리 프로젝트'의 공간이 시작된다. 가장 먼저 눈에 들어오는 곳은 컨테이너로 만들어진 활동가들의 휴게실 겸 사무실. 출입문 옆에는 깨끗하게 씻은 장화를 거꾸로 뒤집어놓고 황태처럼 햇볕에 바짝 말리고 있는 광경이 당신을 반길 것이다. 그 옆엔 이곳에 터 잡고 살고 있는 고양이들을 위한 밥그릇과 물그릇이 있고, 잠시 쉬어갈 숨숨집 같은 것이 무질서 속에 가지런히 자리 잡고 있다.

이 공간은…… 글쎄, 좀 특이하다. 커다란 책상 두 개에, 컵라면과 간단한 요깃거리가 쌓여 있다. 작은 서랍들마다 공구와 문구류, 핀버튼, 팸플릿 같은 것이 잔뜩 꽂혀 있고 누군가 활동가들에게 써준 메모도 벽면에 붙어 있다. 활동가 세 사람의 공간이지만 야외에 지어진 '간이 휴게실', 아니 졸음쉼터 같은 느낌도 들고 포근한 느낌은 없다. 화천 현장을 전체적으로 총괄하는 '반장' 조아라 활동가가 "어유, 편하게 앉으세요." 하며 인사를 건네는데 막상 앉으려고 하면 어디에 앉아야 할지 알 수가 없다. 의자를 꺼내서 앉자니 공간에 비해 너무 거창한 행동인 것 같고 바닥에 앉으려니 왠지 사람들에게 밟힐 것 같기도 하다. 하지만 막상 뻔뻔하게 엉덩이를 들이밀고 앉아버리면 바닥에 여기저기 흩어져 있는 테이프나 가위처럼 자연스럽게 하나의 정물로 녹아드는 기분이 든다. 뭐랄까, 그러니까 딱히 사람의 행동에 대단한 주의를 기울이지 않는 느슨한 분위기가 있는 공간이다. 김민재 활동가가 "뭐라도 좀 드실래요?" 하고 챙겨주지만 그 뒷말은 주로 "근데 여기에 먹을 만한 게 없어서…… 하하하." 이다. 그래도 최근에는 차가운 얼음물을 넣어놓는 업소용 냉장고도 생겼다. 제법 '쉴 만한 공간'으로 바뀐 셈이다. 휴게실 옆에 샤워를 할 수 있는 화장실도 한 칸 생겼다. 매번 농장주 집의 화장실을 이용

활동가들의 휴게실 겸 사무실로 사용하는 공간. 커다란 모니터에는 곰 우리와 방사장을 비추는 CCTV 화면이 계속 돌아간다.

해야 했던 지난 2년과 비교하면 대단히 풍족해진 셈이다.

이 공간의 백미는 단연 벽면에 걸려 있는 커다란 모니터다. 곰 우리와 방사장 등을 비추는 스물네 개의 CCTV 화면이 쉬지 않고 돌아간다. 우리마다 곰들이 뭔가를 먹고, 눕고, 어슬렁거리고 있는 모습이 보인다. 우리 안에 있는 내실에는 카메라가 달려 있지 않아 어두운 그 안에선 무엇을 하는지 알 수 없지만 그 외의 모습은 언제나 활동가들이 주의 깊게 지켜볼 수 있다. CCTV는 활동가들 각자의 휴대전화 앱으로도 확인할 수 있는데 그래서 잠깐의 휴식시간에도, 식사시간에도, 휴일에도 손에서 휴대전화를 놓는 법이 없다. 활동가들의 이야깃거리도 언제나 곰의 일거수일투족이다.

곰들의 겨울잠, 곰다운 삶을 위한 프로젝트

좋아서 하는 일이지만 과로가 될 법한 시간들이기도 하다. 하지만 지난겨울, 처음으로 CCTV 화면이 한가해진 때도 있었다. 화천 활동가들 역시 처음으로 긴 휴식을 취할 수 있었던 시기였다. 2023년 겨울, 곰 보금자리 프로젝트에서는 이전의 2년과 달리 처음으로 곰들이 겨울잠을 자도록 유도했고 성공했다. 곰들은 주로 내실에 들어가 잠을 잤기 때문에 바깥 우리를 비추는 화면이 텅 비어 있었다. 가장 최근에 곰 보금자리로 이사를 온 주영이를 비롯해 몇몇 곰들은 잠에서 깨어 물을 마시기도 하며 얼굴을 보여줬지만 대부분의 곰들은 가을부터 통통하게 불린 몸으로 깊은 잠에 들었고 네댓 달 동안의 긴 겨울잠을 잤다. 소요는 불안한지 쉬이 잠들지 못해서 항우울제를 처방하기도 했다.

내실에는 저마다 성실하게 짚을 끌어모아 만든 '탱이'가 생겼다. 반달가슴곰들은 '상사리'와 '탱이'를 짓는다. 멀리서 보면 커다란 새둥지처럼 보이는 '상사리'는 곰들이 나무를 타고 올라가 열매를 먹고 나뭇가지를 모아서 만드는 둥지다. 땅에 만드는 건 '탱이'다. 겨울잠을 자기 위해 주변 흙을 살짝 긁어내고 조릿대 같은 나무줄기와 잎을 둥글게 말아서 만드는 것을 말한다. 곰들은 비바람을 막고 주변으로부터 자신을 보호하기 위해 나무통이나 굴에 자리를 잡는데 그곳을 살펴보면 자기만의 탱이를 만들어놓은 것을 볼 수 있다. 암컷들은 겨울잠을 자면서 200~300그램쯤 되는 작은 새끼를 낳고 두 달 넘게 정성껏 젖을 먹여 키우기도 한다. 봄에 동면을 마치고 굴 밖으로 나올 때 새끼도 따라 나온다.

동면 준비의 시작은 먹이를 줄이는 것이다. 활동가들에게는 이 단계부터 쉽지 않았다. 먹는 것을 줄이는 것이 나이 많은 곰들의 생존에 위협이 되지는 않을지, 이들이 느끼는 허기가 어느 정도일지를 예측하기 힘들었기 때문이다. 동면 내내 음식을 먹지 않는 낯선 경험으로 혹 잠에서 깨어나지 못하는 곰이 생기지 않을까 하는 우려도 컸다.

사실 동면에 들어가야 할 명분도, 이유도 충분했다. 곰들은 겨울잠을 자는 동안 가으내 찌웠던 살이 빠진다. 하지만 곰 보금자리에서는 겨울에도 계속 식사를 줬던 탓에 화천 곰들은 졸린 눈으로도 음식을 먹으러 나왔고 살이 빠지지 않다 보니 갇힌 공간에 있는 동물에게 치명적인 비만의 위험도 커졌다. 그리고 봄이 되면 살을 빼기 위해 다시 '다이어트'에 들어가야 했다. 곰 보금자리 프로젝트 팀은 고민했다. "먹이가 끊어지는 겨울을 재현해줌으로써 겨울잠에 드는 '곰다운 삶'을 되찾도록 해주는 것은 어떨까?"

동면을 준비하기 위해 활동가들은 전라남도 구례에 위치한 국립공원야생생물보전원을 찾아 곰에게 동면을 유도하는 방법을 배우기도 했다. 곰들의 수면시간과 식사량을 모니터링하며 먹이를 조절했다. 배설물도 관찰했다. 앞서 겨울잠을 재우지 않았던 두 번의 겨울과 다른 변이 나오기도 했다. 화천 곰들의 똥에서 일제히 기생충이 나온 것이다. 문헌에 따르면 곰은 겨울잠에 들기 전에 소화기에서 장내 기생충을 모두 내보낸다고 한다. 누가 가르쳐주지 않았지만 곰들은 자연스럽게 몸과 마음을 변화시키며 저마다의 겨울을 날 준비를 했다. 크리스마스 즈음, 유일이를 시작으로 대부분의 곰들이 자신의 속도대로 잠이 들었다.

곰들의 겨울잠은 곰을 사랑하는 사람들에게 대단히 중요한 일이다. 이 시기에 뚱뚱해진 곰들에 유별난 관심과 사랑을 보이는 곳도 있다. 미국 알래스카 카트마이 국립공원에서는 불곰 보존기금 마련을 위해 2014년부터 매해 10월경 연어잡이에 나선 2200여 마리의 불곰 가운데 가장 뚱뚱한 곰(사실은 가장 매력적인 곰)을 온라인 투표로 선정하는 '뚱뚱한 곰 주간'[12]을 열기도 한다. 생존을 위한 이들의

겨울을 보내고 봄을 맞이한 미소

노고를 기념하는 대회이기도 하다. 이곳 곰들의 주메뉴는 강을 거슬러 올라오는 연어다. 2023년 대회의 우승자는 암컷 곰 '128 그레이저'였다. 봄에는 밝은 갈색 털을 유지하다가 날이 추워지면 색이 점점 짙어지는데 그 가운데서도 솜털처럼 밝은 금빛 털이 덮인 귀는 그대로다. 암컷 곰이 우승자가 된 것은 이례적이라 국립공원관리청은 새끼 두 마리를 키워낸 그레이저에 대해 "새끼를 지키기 위해 자신보다 큰 수컷 곰을 공격하기도 하고 그런 수컷 곰들은 그레이저를 피해 다니기도 한다."[13]며 생존기술과 강인함을 모두 가진 곰으로 소개했다. 유명한 곰 중에는 '747'도 있다. 보통 유명한 곰들은 숫자 대신 별명으로 불리곤 하지만 같은 숫자로 불리는 점보제트기만큼 큰 몸 때문에 따로 별명이 필요하지 않아 여전히 747로 불리는 곰이다.(635킬로그램까지 몸을 불렸다!) 747의 사냥 장면은 뭇사람들에게 '베어포스 원bearforce one'이라고 불리기도 했다.

수컷 불곰들은 400~600킬로그램까지 몸을 불리는데 이 거대한 몸도 동면을 마친 후에는 몸무게의 3분의 1이 쏙 빠진다. '뚱뚱한 곰'은 그저 사람들을 유쾌하게 하는 대상에 그치지 않는다. 곰의 먹이가 여전히 풍부하다는 것은 생태계의 비옥함을 보여주는 지표가 되고, 곰이 겨울을 버틸 수 있는 튼튼한 몸을 스스로 만들 수 있다는 것은 이들이 아직은 '멸종'되지 않을 수 있음을 의미한다. 이를 통해 사람들은 곰의 삶의 방식을, 이들이 서로 소통하고 야생에서 쇠락하고 성장해가는 과정을 보고 배우기도 한다. 수만 명의 사람들이 라이브 방송에 접속해 이들이 사냥하는 모습을 보고 응원하는 이유다. 우승한 곰의 캐릭터는 티셔츠나 머그컵, 모자 등에 새겨진다. 하지만 이들은 단순히 곰이 귀엽고 사랑스러워서 좋아하는 것은 아니다. "오티스(2022년 우승 곰)는 제 롤모델이에요. 인내심이 강하고, 생존기술이 뛰어나고, 평화롭고, 목표에 집중하거든요."**14** 야생동물이 저마다의 생을 감당하는 모습은 인간에게 경외감을 주며 겸손함을 배우게 한다. 곰들의 삶과 서사를 자신들과 연결시키는 법을 알려주기도 한다. 한마디로 이 '뚱뚱한 곰 주간'은 시민들이 곰에 대한 사랑을 아낌없이 표현하는 기간인 것이다.

2023년 겨울, 활동가들도 평소보다 인력을 줄이고 돌아가며 긴 휴식을 취하는 첫 '겨울 모드'에 돌입했다. 그리고 다시 해를 넘겨 2024년 3월, 몽글거리는 봄 내음을 몸에 묻힌 새들이 화천의 지천을 날아다닐 때쯤 곰들도 잠에서 깼다. 다행히 3월 중순이 넘어가자 곰들이 깨어 있는 시간이 확연히 늘었고 동면의 주된 이유였던 '체중 조절'에도 성공했다. 가장 몸이 무거웠던 주영이는 겨울잠을 잔 석 달 동안 23.8킬로그램이 줄었다. 하지만 아직은 내년에도 겨울잠을 재우겠다고 확신하진 않는다. 이번 동면 경험을 두고 곰 보금자리 프로젝트는 이렇게 소회를 적었다.

우리에게는 겨울잠을 재울 근거가 부족하지도 않았고, 농장에서 번식에 이용되던 우리 곰들은 겨울잠의 경험도 있었습니다. 다만 돌보는 사람들에게 겨울잠은 처음이라 너무 배를 곯는 건 아닌지, 자다가 혹시나 아프면 어쩌지 하는 걱정을 많이 했더랬습니다. 칸칸이 설치된 CCTV를 통

해 곰 하나하나의 행동을 분 단위로 기록하며 각자의 잠자는 패턴을 분석했습니다. 인간의 돌봄이 개입된 곰의 겨울잠이란 정말 복잡했습니다. [……] 사실 겨울잠이 곰들에게 정말 도움이 되는지도 아직은 고민하는 단계입니다. 곰은 곰의 고민을, 인간은 인간의 고민을 하면서 서로의 돌봄이 만나는 경험을 하고 있습니다. 무사히 돌아와준 봄에 고맙습니다.[15]

분주하고 활기찬 곰 돌봄의 일과

그렇게 다시, 돌봄의 시간이 돌아왔다. 활동가들의 분주한 하루는 음식 창고에서 시작된다. 이제는 휴게실과 화장실도 생기고 우리로 올라가는 흙길 위에 시멘트도 깔렸지만 이 모든 것들이 없던 초기에 가장 먼저 마련한 것이 음식 창고였다. 활동가들은 땀을 식힐 그늘도 없는 땡볕 아래에서 여름을, 철로 된 격문이 꽁꽁 얼어붙어 문을 개폐하려면 망치를 가져와 두드려야 했던 야외에서 겨울을 보냈다. 유일하게 앉아서 쉴 수 있는 곳이 음식 창고였다. 이곳에 종이박스를 깔아놓고 요기를 하거나 쉬기도 했으니 나름 애증, 아니 애정의 공간이랄까. 그래 봤자 야외 컨테이너인데 너무 덥거나 춥거나 불편하지 않았냐고? 답이 뻔한 질문은 하지를 말자!

2023년 9월 25일, 가을비가 무겁게 떨어지던 오전 8시. 내리는 비를 막을 생각도 하지 않고 상근 활동가 세 사람은 아침 돌봄을 시작했다. 돌봄은 종합운동이다. 온몸의 근육을 이용해 썰고, 들고, 끌고, 당긴다. 화천 활동가의 전완근과 이두근이 단단해지는 만큼 이들의 돌봄도 구체적이고 정확하게 바뀌었다. 한두 마디의 외침으로도 서로가 무엇을 해야 하는지 물 흐르듯 안다. 십수 마리 곰과 함께 있는 공간 안에서는 작은 실수가 큰 위험이 될 수 있다는 것을 언제나 상기한다. 곰들의 먹고 사는 문제를 직접적으로 다루는 화천의 돌봄수행에 다정한 수식어나 격식이 끼어들지 않는 이유다. 업무의 정확성과 효율성은 동료들 간의 신뢰로 이어진다.

돌봄의 일과는 아침식사를 준비하는 것부터 시작된다. 갈색 플라스틱 양동이 열세 개를 두 줄로 나란히 놓고 양배추, 당근, 애호박, 고구마, 파프리카 등 구황작물과 채소, 그리고 곰 사료를 나눠 담는다. 곰마다 먹는 양이 다르다. 체중에 따라, 체중이 불어나는 속도에 따라, 계절에 따라, 잘 먹는 음식에 따라 매주 미세한 조정을 하며 식단을 관리한다.

한 사람이 커다란 중식도를 들고 척척 채소를 썬다. 다른 사람이 차례대로 음식을 양동이에 넣고 수레로 옮긴다. 또 다른 사람은 어구와 대나무 통 등에 간식들을 끼워넣는다. 음식 준비가 끝나면 묵직한 양동이 열세 개와 청소도구 등을 실은 수레를 비탈길 위에 있는 우리로 끌고 올라간다. 언제나 듬직한 모습이다.

곰들은 저마다 입맛도 다 다르다. 편식하는 음식들도 다르다. 유식이는 양배추를 절대로 먹지 않아서 사과와 함께 갈아줘도 '우웩'하고 뱉어버리는 수준이다. 다른 채소나 과일과 잘 섞어줘도 기가

곰의 식사 준비

막히게 양배추만 골라서 먹지 않고 그대로 둔다. 유일이는 양배추와 주키니호박을 잘 먹지 않는 대신 다른 곰들보다 파프리카를 훨씬 잘 먹는다. 간식 중에는 사과를 유별나게 좋아한다. 평소 68킬로그램대의 몸무게를 유지하는 유일이는 처음부터 곰들 중 몸집이 가장 작았다. 하지만 얼굴 주변의 갈기털이 풍성해 정면에서 보면 꽤나 멋스럽다. 오른쪽 귀 끝이 살짝 잘려 있고, 가슴 언저리에 하얗고 단정한 무늬가 있는 검은 털 코트를 걸치고서 작은 눈을 반짝거린다. 입을 벌리고 간식이 들어 있는 어구를 흔들고 있을 때면 어쩐지 천진해 보이기도 한다. 유일이는 U라인 1번 칸에서 지낸다. 1번 칸은 활동가들을 비롯해 이곳을 방문하는 이들과 가장 먼저 만나게 되는 자리다. 그만큼 사람에게 호기심도 많고 친근한 성격을 가진 곰들이 지내는 공간이기도 하다. 때로는 한쪽 앞발로 철창을 짚었

아침식사를 준비해 이동하는 길

다가 몸을 휙 뒤로 돌린 다음 내실 안을 들어갔다 나오는 정형행동을 반복한다. 그런 모습을 보고 있으면 마음 한구석이 따가워진다. 하지만 죄책감에 마음의 자리를 내주는 대신 시간이 필요한 일이라는 것을 인정하고 객관적으로 곰의 행동을 받아들이는 것에 자리를 내준다.

준비한 아침식사가 담긴 양동이를 복도에 두고 본격적인 청소를 시작한다. 먼저 간식을 내실에 던져 곰들을 내실 안으로 이동시킨 뒤 내실문과 도르래로 연결된 우리 밖의 문손잡이를 내려 내실문을 닫는다. 곰이 내실에 들어가 있는 동안 물 호스와 삽으로 우리 안을 깨끗하게 청소한다.

큰 삽 하나가 가득 찰 만큼 대변이 나온다. 재미있는 것은 주로 채소를 먹기 때문에 변 색깔이 꽤나 알록달록하다는 것이다. 땀인지 비인지 모를 것에 활동가들의 셔츠와 머리카락이 젖었다. 팔목으로 스윽 무심하게 닦고는 각자 '삽질'과 '물청소' 등에 열중한다. 내실을 청소하는 날에는 목에 작은 헤드랜턴을 걸고 간다. 어두운 내실 안을 비추기 위해 필요한 준비물이다. 내실 안에도 호스로 물을 뿌리고 비질을 하며 꼼꼼하게 치운다. 바퀴벌레나 곱등이 같은 벌레들이 튀어나오기 때문에 가끔은 깜깜한 내실에 들어갈 때 마음의 준비가 필요하다. 청소를 마치면 식사를 준비한다. 양동이에 든 먹거리를 우리 내부에 설치된 풍부화물과 해먹 등 곳곳에 꽂아 식사시간이 지루하지 않도록 신경을 쓴다. 계절에 따라 주변에서 나는 다양한 자연물들을 함께 넣어주기도 한다.

▲ 곰 먹이 주기

◆ 내실 청소하기

▼ 곰의 배설물

버찌는 미소의 새콤한 간식이 되고 나무와 철망을 감으며 자라난 칡의 잎과 줄기는 칠성이의 간식이 됩니다. 높게 자란 은사시나무 토막은 껍질을 갉고 뜯을 수 있는 소요의 장난감이, 잎이 풍성하게 달린 뽕나무 가지는 물고 흔들며 뒹굴 수 있는 미남이의 장난감이 됩니다.[16]

너무 해지거나 손상된 풍부화물이 있으면 즉석에서 고치기도 하고 별도로 체크를 해두고 오후에 직접 다시 만들기도 한다. 음식을 숨기는 난이도도 조금씩 차이를 둬야 한다. 선호도가 낮은 곰 사료를 어렵게 넣어주면 칠롱이, 칠성이, 유일이는 몇 입씩 남기곤 한다. 한참 동안 우리 안에 알갱이들이 굴러다녀도 본체만체한다. 보는 즐거움을 주는 것은 봄바였다. 김민재 활동가는 풍부화물을 다루는 곰들의 모습에서 그들의 취향과 개성을 느낄 수 있다고 말했다. 다음엔 어떻게 먹을까, 이렇게 하면 음식이 잘 안 나오는구나, 이런 것들을 생각하고, 방법을 고민하고, 시행착오를 겪으면서 각자 다르게 행동하는 모습들이 눈에 보이기 때문이다.

"먹는 모습을 보고 있으면 곰들이 정말 개성이 강한 동물이라는 걸 알게 되거든요. 어구에 간식을 넣어주면 다 다른 방식으로 밥을 먹는데, 사실 들고 흔들거나 재빠르게 굴리면 안에 든 것들이 한 번에 많이 나와요. 그런데 봄바는 이걸 한 번 굴리고 한 알, 한 번 굴리고 한 알 이렇게 먹으니까 (웃음) 이걸 계속 굴리다 보면 우리에 똥이 있는데 어구에 똥도 묻고, 그 똥이 얼굴에도 묻고. 역시 좀 안쓰럽죠."

단순히 '똑똑하다'라는 감탄에 그치지 않는다. 곰들의 내면에 존재하는 고유한 감정과 태도, 그들이 제 손으로 삶을 장식하는 순간을 만나게 될 때의 벅찬 느낌 같은 것이 마음에 들어선다.

오후 돌봄은 곰숲에 곰들을 방사하기와 합사 훈련하기, 풍부화물 만들기, 브라우저(곰들이 가지고 노는 나뭇가지) 베기, 저녁식사 준비하기, 약 먹이기, 일지 쓰기 등으로 이루어진다. 매일 일정한 루틴으로 식사와 위생을 챙기고, 곰들의 컨디션과 행동을 관찰하는 돌봄 덕분인지, 배와 다리에 살이 보일 만큼 털이 빠지고 곯아 있던 곰들은 어느덧 털이 풍성해지고 살이 올랐다. 스트레스가 줄어들면서 정형행동도 감소했다. 주영이의 정형행동 중 하나는 철창에 머리를 비비는 것이다. 머리 쪽 털이 듬성듬성 빠져 있고 귀 끝에도 상처가 있다. 처음 이곳에 이사를 온 후에도 정형행동은 크게 줄어들지 않

막대기로 미소의 몸을 긁어주는 조아라 활동가

았다. 지금도 때때로 그런 행동을 한다. 활동가들은 필요에 따라 불안을 줄여주는 약을 먹이기도 하며 불편을 줄일 방법을 찾기 위해 머리를 맞대 해결법을 찾는다.

곰에게 이름 붙이기

곰들의 몸과 마음이 서서히 달라지는 동안 또 다른 변화도 생겼다. 모든 곰들이 이름을 가지게 된 것이다. 동물에게 이름을 붙이는 행위는 조심스럽다. 사적인 관계가 된다는 의미이기 때문이다. 그래서 처음 곰 보금자리 프로젝트는 열다섯 마리의 곰들을 구조했을 때에도 이름 대신 L1, U1 같은 우리 칸에 따른 일련번호로 불렀다. 곰 보금자리 프로젝트 홈페이지의 '복지 향상 활동' 항목에 올라와 있는 「화천 사육곰 농장 15마리 곰 소개」 글에는 곰들의 사진과 함께 이런 내용이 적혀 있다.

L1: 다리가 짧고 중후한 인상 / 밥을 먹고 나면 내실에 들어가서 잠들곤 합니다.

L4: 오른쪽 귀 짧음 / 커다란 돌 위에 몸을 널어놓기를 좋아해요.

L6-1: 몸집이 가장 크고, 반점모양 가슴무늬 / 배가 하늘로 향하게 잘 누워 있어요.

U3: 주둥이 오른쪽에 흰 점 / 먹을 것을 매우 사랑하고 무척 적극적이

주영이는 철창에 머리를 비비는 정형행동으로 상처가 나 있다.

에요.

읽다 보면 목적이 있는 의도적인 글쓰기라는 인상이 든다. 이 정도면 곰들에게 감정을 품지 말라거나 괜히 서사를 부여하지 말라는 차가운 이성(!)으로만 쓴 글이라는 의심이 들 수밖에 없다. 야생동물을 대하는 연구자들은 흔히 동물들의 이름을 부르는 행동을 의도적으로 피하는 경우가 많다. KM-53. 일명 '오삼이'라는 애칭으로 불렸던 곰이 있다. 2015년 지리산에 방사된 뒤 두 차례나 90킬로미터 떨어진 경북 김천 수도산에 나타나 '강제 복귀'와 '방사'를 반복했다. 교통사고를 당해 열두 시간이 넘는 수술을 받고도 살아남았고 가야산, 덕유산까지 활동 범위를 넓혀 종복원기술원 직원들과 대규모 숨바꼭질을 벌였다. 반달가슴곰 복원 정책의 방향 자체를 다시 묻게 만들었던 오삼이의 기행 혹은 도전은 많은 사람들의 관심을 모았다. 오삼이는 '빠삐용' '모험왕' '콜럼버스' 같은 별명으로 불리기도 했다. 김천시에서는 '오삼이' 캐릭터를 만들어 시청 입구에 설치해두는 등 SNS 홍보에 활용하기도 했다. 하지만 오삼이와 인연이 깊었던 연구자들은 오삼이에 대해 언급할 때 철저하게 'KM-53' 혹은 '53번'이라고 부른다. 반려동물이 아닌 야생동물로, 인간과 무관하게 살아가는 자연의 개체로 거리를 두고 대하기 위해서다.[17]

하지만 곰 보금자리 프로젝트는 구조한 곰들이 변함없이 인간과 관계 맺으며 살아가야 한다는 전제를 받아들였고, 이들의 삶을 새

방사장에서 시간을 보내는 미담이

로운 이름으로 응원하기로 했다. 그렇게 2021년 9월 '이름짓기 공모'를 시작했다. 곰들의 변화를 조금 더 구체적으로 시민들이 느낄 수 있길 바라는 마음을 담았다. 공모의 첫번째 주인공은 개체번호 U8로 불리던 열 살 추정 수컷 곰이었다. 우리가 아는 반달곰과 사뭇 다르게 생긴 이 곰을 두고 활동가들은 "유독 살이 붙지 않는 마른 체형에 납작하고 긴 두상, 불룩한 콧잔등, 날카롭게 째진 눈은 다른 종의 곰은 물론 개미핥기나 코끼리 같은 엉뚱한 동물까지 겹쳐 보인다."라고 묘사했다. 이후 U8이 얻게 된 이름은 '우투리'다. 이름을 듣고 머릿속에 번뜩 떠오른 것이 있다면, 그 이유가 맞다. 날개를 달고 태어난 '아기장수 우투리' 설화 속의 그 우투리다. 여러 동물을 닮은 비범한 모습에 영웅 '우투리'라는 이름을 얻었다.

그 외 물통에 얼굴을 푹 담근 채 물장구치는 것을 좋아해 '어푸', 옆 칸에 있던 '미자르'와 함께 큰곰자리 별의 이름을 갖게 된 '알코르', '미소'의 남자친구인 줄 알고 '미소 남자친구'를 줄여 '미남'이 된 L6-1 곰은, 훗날 미소의 오빠라는 것이 밝혀졌지만 마침 잘생기기도 해서 그대로 이름을 유지하게 됐다. 그렇게 곰들은 저마다의 개성을 가진 개별적인 존재로, 그들의 삶에 연대하려는 이들과 연결되었다. L4가 '풀마을'이라는 뜻을 가진 '푸실이'가 된 것처럼, 곰들은 웅담 채취용으로 사육되던 시절과는 다른 의미로 인간의 영역에 한 발 더 다가오게 되었다.

우투리

알코르

봄바

푸실이

곰들의 친구 사귀기, 합사

"대한민국에서 사육곰이 방사장에 나가서 놀 수 있는 곳은 여기밖에 없거든요. 자부심이죠." 매사에 과도한 의미를 부여하는 것을 극도로 싫어하는 조아라 활동가가 말했다. 평소 그의 화법을 생각하면 대단히 의미심장한 말이 아닐 수 없었다. '평소의 화법'이라면 이런 것이다. 우투리와 주영이가 매우 격하게 장난을 치면서도 거의 아무런 소리를 내지 않는 것을 보고 "둘이 소리는 거의 내지 않네요."라고 말했더니 돌아온 대답은 이랬다. "왜, 무슨 소리를 낼 줄 알았어요?"라는 장난기 가득한 되물음. 어떻게 곰 보금자리 프로젝트에 합류하게 되었느냐고 물으니 "동물원에서 일하면서 잔잔바리로 불편하다고 생각했던 게 깊어져서" 오게 됐다고 말하는 명쾌함. 그런 그가 내뱉는 말에 절로 고개가 끄덕여졌다. 저 말 진심이구나, 싶었다.

2023년 12월 15일, 점심시간을 틈타 활동가들과 인터뷰를 진행했다. 이 시기 활동가들의 관심사는 '합사'와 '동면'이었다. 동면이 계절적 고민이라면 합사는 곰을 받아들인 이후부터 언제나 지속돼왔던 고민이다. 곰들끼리 합사를 해야 방사장에 더 많은 곰들이 나가서 오래 시간을 보낼 수 있다. 2023년 2월에 다녀온 베트남 곰 생추어리에서 본 풍경들도 활동가들에게 영감을 준 터였다.[18]

"베트남에 갔을 때 '와 이게 생추어리구나!' 싶었어요. 우리가 인스타그램

이나 유튜브 같은 데서 보던 '진짜 생추어리'의 모습이더라고요. 합사가 잘 되는 곰들끼리 함께 방사장에서 시간을 보내는데 한 번에 열 마리 넘게 같이 나가서 노는 게 너무 부러웠죠. 방사장을 안전하고 즐거운 공간이라고 생각하고, 그곳에 먹을 걸 조금만 둬도 그것과 상관없이 곰들이 한참 동안 밖에서 편안하게 쉬더라고요."

한 해를 마무리하던 시기에 강지윤 활동가와 나눈 대화였다. 곰 돌봄과 관련해 '합사'에 대한 이야기가 자주 나왔다. 특히 2023년 10월, 화천에 마지막으로 남은 사육곰 농장에서 구조한 주영이와 우투리가 성공적으로 합사를 한 이후 이전에 시도했던 합사들에 대한 아쉬움이 커진 탓도 있었다. 모두에게 강렬한 기억으로 남은 일은 둘 다 수컷인 봄바와 푸실이의 합사 시도와 실패였다.

주영이와 우투리의 합사(왼쪽 곰이 주영이, 오른쪽 곰이 우투리다.)

"철창을 사이에 두고 마주보기를 했는데 반응이 괜찮았거든요. 그래서 열까? 열까? 이렇게 된 거예요. 근데 느낌이란 게 있잖아요. '하자!' 하고 둘 사이에 가로막힌 격문을 여는 순간 '아 망했다.' 이 느낌이 딱 들더라고요."(조아라 활동가)

합사를 할 때는 개체 간 싸움이 일어날 수 있어 언제나 소화기를 가까이에 둔다. 그날은 소화기와 물을 모두 동원해 둘을 겨우 말려 떼어내야 했다. 곰들끼리 격렬하게 싸우다 부상을 입을 수도 있고 (곰은 상대 곰의 목숨을 뺏을 수도 있다.) 합사에 부정적인 인상을 갖게 될 경우 이후 다른 곰과의 만남에도 영향을 끼칠 수 있다. 그날의 실패로 이후 합사 시도는 부쩍 조심스럽게 이루어졌다. 우투리와 유일이가 격문을 사이에 두고 마주보기를 할 때도 분위기가 좋았지만 쉽게 결정을 내리지 못했다.

"지금 생각하면 그때 같이 놀고 싶고 한 공간에 있고 싶다는 뜻이었는데 저희가 너무 미룬 거죠. 그래서 한참 후에 합사를 했고 잘 지냈어요. 지금은 좀 데면데면하지만."(조아라 활동가)

합사를 하는 과정에서 상대를 좋아하고, 싫어하고, 무관심하고, 호기심을 갖는 그 모든 반응들이 곰의 복잡한 마음들을 보여준다. 알코르와 우투리는 합사에 성공했지만 어느 날 한 차례 싸우고는 사이가 틀어져버렸다. 친구 사이란 때론 그런 법이다. 주영이와 알코르도 합사를 한 적이 있었는데 알코르는 주영이에게 전혀 관심을 보이지 않았고 주영이는 우투리에게 텅 클로킹tongue cloaking을 하며 관심을 보였다. '텅 클로킹'은 혀를 튕기며 소리를 내는 것으로 불안할 때나 상대를 부를 때 하는 행동이다. 같은 사육농장에서 온 덕이와 소요도 열 번가량 마주보기 훈련을 한 뒤 합사를 했다. 활동가들의 우려가 새삼스러울 만큼 기다렸다는 듯이 둘은 함께 나뭇잎을 나눠먹고 바닥을 뒹굴며 놀았다.

동면 전에 이루어진 우투리와 주영이의 합사 장면은 곰 보금자리 프로젝트의 유튜브 채널 등을 통해서도 볼 수 있다. 마주보기를 할 복도에 푹신푹신한 짚을 깔고 맛있는 음식도 뿌려놓았다. 천천히 서로에게 가까워지던 둘은 격문이 열리자 냄새를 맡으며 다가가 마음껏 호기심을 표현한다. 주영이는 뒤로 벌러덩 넘어지고도 배를 보여주며 계속 놀고 싶어한다. 우투리는 그런 주영이와 레슬링을 하듯 엎치락뒤치락하며 귀를 깨물고(뜯길 만큼 깨물지 않는다는 게 놀이라는 증거다.) 서로 입도 물며 장난을 친다. 기분이 좋은지 철창에 몸을 비비기도 하고 친구를 따라 우리 안으로 우다다 뛰어 들어갔다가 또다시 바닥을 뒹굴기도 한다. 같은 종이기에 느낄 수 있는 특별한 유대감을 함께 나누는 합사는 인간이 개입하지 않은 채 그들만의 언어로 온전히 '곰의 시간'을 나누는 순간이다.

해가 바뀌고 다시 만난 활동가들에게 동면을 마친 이후 합사를 했던 곰들 사이에 변화가 생겼는지를 물었다. 남매여서 우리 한 칸에서 함께 지내기도 했던 미남이와 미소를 지금은 합사하지 않는다

두 마리 곰의 합사 훈련

고 했다. 암컷인 미소가 동면 기간 동안 젖꼭지도 나오고, 임신한 암 컷들처럼 동면에서 늦게 깨어나는 등 '가짜 임신' 증상이 있었다. 이 후 예민해진 상태라 그에 맞춰 기존의 훈련 방식에 변화를 줬다고 했다. 곰들의 성격을 파악하고 둘 사이에 일어나는 일들, 관계의 변 화, 반응 등을 늘 예민하게 확인해야 성공적인 합사가 가능하다. 내 년에는 더 많은 곰들이 서로를 편안하게 받아들이고 함께 곰숲에 나가 무료함을 달랠 수 있기를 바라며 화천 활동가들은 오늘도 곰 들의 마음을 읽는다.

곰들에게 남은 시간은 많지 않다

몇몇 곰들이 번성하는 생의 기운을 회복하는 동안 어떤 곰들은 활동가들의 애도 속에 눈을 감기도 했다. 첫 죽음은 갑작스러웠다. 2021년 7월 1일, 곰 보금자리 프로젝트가 곰들을 돌보기 시작하고 한 달이 채 되지 않았을 때 '편안이'가 갑작스레 세상을 떠났다. 죽음의 원인도, 죽음의 순간도 알지 못했다. 농장주가 병석에 누워 있고 활동가들이 주말에만 농장을 찾아오던 시기였다. 편안이가 일주일이 넘도록 내실에서 나오지 않는다는 농장주의 말을 듣고 활동가들이 쇠막대와 곰 스프레이를 들고 내실에 들어가 그의 죽음을 확인했다.

얼마 지나지 않아 척추질환으로 움직이지 못해 누워 있어야만 했던 보금이를 안락사시켜야 했다.(2021년 7월 30일) 만남의 시간이 짧았던 것은 편안이와 마찬가지였지만 활동가들은 뒷다리를 쓰지 못하는 보금이를 회복시키기 위해 농장주의 도움으로 약을 먹이며 돌보았고, 조금씩 회복에 진전을 보여 침대도 만들어주었다. 하지만 결국 심한 고통에 스스로 꼬리를 자르고 항문이 소실되는 등의 외상을 보였고 활동가들은 안락사를 결정했다. 당시 외상의 상태와 증상을 통해 보금이가 느끼는 고통의 수준, 앞으로 느끼게 될 고통의 강도를 수의학적 지표로 예측할 수 있었다. 수술을 시도해보자는 의견이 있었지만 마취 상태에서 상처를 확인했을 때에는 회복가능성이 없다는 것이 확실했다. 곰 보금자리 활동가 모두가 수술이 무의미하다는 판단에 동의했다. 동물권행동 카라에서는 보금이가 나을 때까지 엉덩이를 끌고 이동하지 못하게 케이지에 넣어두거나 대학병원에 보내 디스크 수술을 해보자는 의견이 나왔다. 하지만 마취와 수술을 반복하는 시간들이 그저 고통을 연장하는 데 지나지 않는다는 점을 설득하고 안락사시키는 데 합의했다. 살리고자 했던 인간의 의지와 자신의 고통을 생생하게 보여준 보금이의 분투가 교차된 죽음이었다.

1년 후, 다시 죽음이 다가왔다. 2022년 11월 8일, 훈련을 가장 즐기던 밝은 성격의 곰 '미자르'가 원인을 알 수 없는 발작으로 쓰러졌다. 이틀간 치료를 시도했지만 결국 미자르는 깨어나지 못하고 세상을 떠났다. 앞서 떠나보냈던 곰들과 달리 미자르는 17개월을 활동가들과 함께했다. 활동가들은 저마다의 추억을 떠올리며 미자르를 떠나보내야 했다. 김민재 활동가에게 미자르의 죽음은 곰들에게 남은 시간이 별로 없다는 것을 깨닫게 한 일이기도 했다.

"이유를 알 수가 없었어요. 아침에 밥을 잘 먹었는데 갑자기 어떻게 그럴 수 있는지……. 이전에는 나이가 많아서 병이 생길 수 있다, 어쩌면 곧 죽을 수 있다는 말을 들어도 실감이 안 났는데 그때 정말 와닿은 거죠. 아, 애들을 돌볼 수 있는 시간이 생각보다 많지 않을 수 있구나. 생추어리를 빨리 만들어야겠다는 조급함이 막 생겼어요."

2023년에도 두 마리의 곰이 눈을 감았다. '새끼 잘 낳는 곰'으로 농장에서 30년간 죽지 않고 살았던 유식이는 처음 만났을 때에도 척추 디스크로 뒷다리를 저는 증상이 있었다. 다리 통증을 덜어주는 약을 먹이기 위해 활동가들의 치열한 머리싸움이 이어졌다. 그렇게 1년여간 유식이는 곰숲 산책도 하고 물놀이도 하며 이전과는 조금 다른 삶을 살았다. 2023년 6월, 하체를 완전히 쓸 수 없게 되자 바닥에 엉덩이를 쓸고 다닐 만큼 상황이 빠른 속도로 악화되었고, 활동가들은 논의 끝에 안락사를 결정하게 되었다. 활동가들은 이 날을 이렇게 기록했다.

우리는 누구도 눈물을 보이지 않았습니다. 유식이의 마지막 삶은 그냥저냥 괜찮았던 것 같고, 그렇게 싫어하던 약을 이제는 먹지 않아도 되고요. 허리와 다리가 아파서 끙끙대던 유식이는 이제 편안합니다. 사육곰 산업이라는 거대한 비극을 자세히 들여다보고 그 안에서 희극을 찾아내려는 저희의 노력이, 유식이가 죽기 직전 주마등처럼 떠올렸을 33년의 기억에, 잠깐 웃는 마음을 얹어주었을 거라 믿습니다.[19]

그해 가을, 수컷 곰 중에서 가장 나이가 많았던 봄바가 방사장에서 놀다 구조물에서 떨어지며 엉덩방아를 찧었다. 그 일로 뒷다리를 쓰지 못하게 되어 대학병원에 데려가 척추 검사를 했다. 추간판(디스크)이 외부 충격으로 척수신경을 누르게 된 것 같았다. 차도가 있기를 바랐지만 야속하게도 상처는 점점 커졌고 삶의 질이 눈에 띄게 나빠져 결국 활동가들은 안락사를 결정했다. 손등 혈관에 주

유식이와 유식이의 무덤

사기를 꽂는 훈련이 되어 있었던 만큼 아픈 블로건을 쏘는 대신 주사를 통해 천천히 의식을 잃도록 했다. 마지막 식사는 참 좋아하던 꿀이었다. 2023년 10월 24일 오후 2시, 가을 햇살이 모두의 발끝으로 떨어지던 때에 봄바는 무거웠던 생을 마감했다. 활동가들은 봄바를 땅에 묻은 뒤 작은 돌을 비석처럼 올려놓았다. 누군가 돌 위에 "봄바람처럼 가기를. 따뜻하고 포근하게"라는 문장을 적었다.

한국의 많은 사육곰들이 세상을 떠난 화천의 곰들처럼 나이가 많다. 이들은 언제 갑작스럽게 생의 끈을 놓아도 이상하지 않을 만큼 열악한 환경에서 살고 있다. 모든 사육곰들에게 시간이 많지 않다. 사람들이 이들에게서 강제로 빼앗은 것을 조금이라도 되돌려줄 시간이 많지 않다는 뜻이기도 하다. 현재 한국에서는 구례 곰 생추어리, 서천 곰 생추어리 설립이 진행되고 있다. '사육곰 산업 완전 종식'이라는 사회적 합의도 끝났다. 하지만 눈앞에서 곰들의 생과 사를 마주하는 곰 보금자리 프로젝트 활동가들은 하나도 마음이 놓이지 않는다고 말한다.

봄바가 우리에게 던지는 질문들

스무 명쯤 되는 사람들이 둥글게 모여 서서 어색한 인사를 나누었다. 이름(닉네임)과 관심사를 짧게 나누고 활동가들이 건네준 검은 우비를 걸쳤다. 너무 밝고 화려한 색은 곰에게 자극이 될 수 있어 모

봄바의 무덤

두 어두운색 계열의 옷을 입고 모인 터였다. 그 위에 또 검은색 우비를 걸치니 어디로 보나 영 수상하기 그지없는 모임이 됐다. 비가 추적추적 내리는 흐린 날씨였지만 다들 눈이 반짝반짝 빛났다. 곧 만나게 될 곰들을 상상하며 벌써 들뜬 분위기였다.

2023년 11월 5일, 화천 곰 보금자리 프로젝트 공간에 손님들이 북적였다. 사육곰 산업 종식 이후 남게 될 사육곰들을 위한 대안을 고민하기 위해 곰 보금자리 프로젝트, 녹색연합, 동물권행동 카라, 동물자유연대가 함께 '다똑같곰' 프로그램을 기획했다. 그 첫번째 프로그램으로 화천 사육곰 보호시설 견학 프로그램을 진행하는 날이었다. 서울 마포구 합정역에서 활동가와 참가자들이 다 같이 대절한 버스를 타고 세 시간 남짓 달려 화천에 도착했다. 오전에는 곰들이 있는 보호시설을 둘러보았다. 방사장에서 어구를 흔들기도 하고, 수영장에서 놀고 있는 곰을 보며 여기저기 사진 찍는 소리가 들렸다. 저마다 신기하고 반갑고 조심스러운 마음으로 곰들을 바라보았다. 비건으로 준비된 팔라펠 샌드위치를 점심으로 먹은 후 오후에는 조를 나눠 소방 호스 등으로 곰들이 쓸 해먹을 만들어 직접 우리에 거는 프로그램까지 함께 진행했다.

곰 보금자리 프로젝트는 인간이 곰에게 남긴 흔적들을 함께 바라보기 위해 시민들을 만나고 연결될 준비를 하고 있다. 하지만 조금 더 나은 환경에 놓인 곰들을 그저 '보는 것'이 전부가 되어서는 안 된다는 것을 안다. 지금까지 그런 곳은 쉽게 만들어져 왔다. 2024년 1월부터 제주자연생태공원에서 보호 중인 네 마리 곰들이 대중에게 공개됐다. 곰을 상징으로 한 유명 제약회사에서 전시·관람용으로 키우다가 동물원 및 수족관 관리법이 강화돼 동물원 외의 공간에서 곰을 키우는 조건이 강화되자 사육을 포기하면서 제주도로 이송된 곰들이었다. 생태공원에는 물놀이를 할 수 있는 수영장과 행동 풍부화물 등이 마련되었다. 곰들이 시민들에게 공개된후 곰 보금자리 프로젝트 활동가들도 현장을 직접 찾았지만 아쉬움이 컸다.

"'반달가슴곰 입주'라고 해서 대대적으로 홍보도 하고 개방 첫날부터 사람이 엄청 많이 몰렸다고 하더라고요. 곰을 보는 거, 좋죠. 그런데 곰이새로운 환경에서 적응하려면 시간이 필요한데 '적응 훈련'을 충분히 했는지 의문이 들었어요. 사람들이 몰려들고 모든 행동이 노출되는 상황에서 지내야 하니까, 방사장은 넓지만 곰들이 정형행동도 하고 힘들어하더라고요."(최태규 활동가)

무엇보다 이런 공간은 인간에 의해 손상된 곰의 역사를 지우는 공간이다. 이곳에 있는 곰들이 어떤 시간을 거쳐 지금에 이르렀고, 그 과정에서 일어난 폭력에 누가 동참했는지를 삭제한 채 그저 '평화롭고 행복해 보이는 곰'이 주는 위안만을 소비하는 공간인 것이다. 곰 보금자리 프로젝트는 결국 "생추어리(보금자리)는 어떤 공간이 되어야 하는가?"라는 질문에 치열하게 답을 찾는다. 시민들이 참여한 '다똑같곰' 프로그램에도 이런 고민을 담았다. 곰 보금자리

'다똑갈곰' 프로그램 중 사육곰 보호시설 견학

프로젝트가 돌보고 있는 곰들은 사람들을 안심시키기 위한 존재가 아니다. 오히려 인간이 야생동물을 가둬놓고 착취했다는 사실을 기억하는 것, 앞으로 이런 일이 되풀이되지 않기 위해 우리는 어떻게 달라져야 할지를 되묻는 것, 부끄러운 과거를 통해 동물과 함께하는 삶을 고민하고 교육하는 것, 이것이 바로 생추어리의 곰들이 우리에게 던지는 메시지다.

"아시아권에서 코끼리 체험 같은 것을 하면서 일종의 '생추어리 워싱'을 하는 곳들도 있어요. 구조한 동물들을 전면에 내세워서 먹이 주기 체험, 목욕시키기 체험 같은 걸 하는 건데요. 동물원에 대한 시민들의 반발심이 커지면서 운영이 잘되지 않으니까 '우리는 생추어리예요.' 하면서 다른 이름을 내걸고 결국 동물원처럼 동물을 다루는 거죠. 동물과 사람이 만나는 것 자체가 문제가 아니라 그런 만남에 무엇이 부재하는지를 느끼지 못하는 것이 문제가 아닐까요?"(최태규 활동가)

동물을 사랑하는 것은 좋은 일이다. 과거보다 현재, 더 많은 사람들이 동물과 관계를 맺고 살아가고 있다. 그렇듯 현재보다 미래에 동물을 사랑하고 곁에 두는 사람들은 더 많아질 것이다. 에버랜드 푸바오의 귀여운 모습이 SNS를 통해 확산되면서 대단한 인기를 모으기도 했듯이 사람들은 귀여운 동물들을 언제나 사랑할 준비가 되어 있다. 하지만 우리는 푸바오의 무엇을 사람들이 사랑하는지 질문하게 된다. 동시에 '푸바오스럽지 않은 동물'은 사람들과 어떤 관계를 맺고 있는지도 묻게 된다.

사람에게 길들여지고, 온순하고, 무해하고, 더 나아가 사람을 닮아가는 동물이 늘어날수록 인간과 완전히 별개의 삶을 살아가는 야생동물의 위치를 존중하는 것은 중요하다. 예컨대 어떤 야생동물은 그가 살아가는 서식지가 살 만한 곳인지를 말해주는 '깃대종'이된다. 인간의 손이 닿지 않는 곳에서 동물들이 '동물답게' 살아갈수 있는지를 보여주는 기준이 된다. 그들이 지금까지 그래왔듯, 앞으로도 그렇게 '인간과 닮지 않은' 삶을 살 수 있을 때 우리는 모든 생명을 내가 원하는 방식대로 대할 수 없다는 당연한 사실을 받아들일 수 있게 된다. 다른 존재에 대한 경외심은 바로 거기에서 시작된다.

무해하고 귀여운 동물 산업이 확장될수록 귀엽지 않은 동물, 내곁에 없는 동물들은 더욱 소외되기도 한다. 야생동물과 농장동물, 실험동물이 그들이다. 동물원의 동물들도 다르지 않다. 유명한 동물원에는 유명한 동물 스타들이 있다. 하지만 그들이 늙고 더 이상인기를 끌지 못하면, 그렇게 쓸모를 다한 뒤에는 상업적 이유로 '폐기'된다. 사람들은 또 다른 무해하고 멋있는 동물들을 보며 환호한다. 이제는 이런 행동들이 윤리적이지 않다는 것을 모두가 공감하고 말해야 하는 사회다. 우리 모두가 그만큼 성장했기 때문이다. 그래서 곰 보금자리 프로젝트는 2026년 사육곰 산업이 종식된다는 말에 마냥 환호해서는 안 된다고 말한다. 여전히 고통받고 있는 곰들이 있다. 정부가 설립하는 생추어리에서 수용하는 인원은 그중 일부다. '살아남을 곰'과 '죽게 될 곰'은 어떤 기준으로 나누게 될 것인가? 죽게 될 곰에 대한 최소한의 예우는 어떻게 지킬 것인가? 여전히 물음표로 남아 있는 이 문장들에 하루빨리 답이 필요하다. 곰들은 늙어가고 있기에. 여전히 철창 안에서 고통받고 있기에.

2022년 5월 30일. '봄바의 하루'라는 영상이 곰 보금자리 프로젝트 유튜브 채널에 올라왔다.[20] 2023년 10월 세상을 떠난 봄바의 생전 모습이다. 나이가 많았고 으레 늙은 곰들이 그렇듯 척추질환 증상이 있어 약을 먹어야 했던 곰이다. 영상은 봄바 우리에 달린 CCTV에 기록된 화면만으로 이루어져 있다. 상주하는 활동가들이 없고 일요일에만 화천에서 돌봄을 하던 때였다. 첫 화면은 봄바가 활동가들이 주는 약을 먹는 것으로 시작된다. 간식을 주면 내실에 들어가 한참동안 그것을 먹고 나오지 않는다. 아직 우리 안에는 차가운 콘크리트 바닥뿐이다. 해먹도, 타이어 침대도, 풍부화물도 거의 없다. 봄바는 철창 사이에 낀 간식을 먹기 위해 여러 번 몸을 세워 앞발을 뻗는 시도를 하다가 마침내 성공한 후 바닥에 앉아 그것을 먹는다. 그렇게 시간이 지나고 돌봄을 끝낸 활동가들이 우리의 문을 닫고 사라진다.

영상 속 봄바는 바닥에 털썩 주저앉아 사람들이 사라지는 방향을 쳐다본다. 영상은 그저 봄바의 모습을 우리에게 보여주고 마지막으로 이렇게 묻는다. "봄바에게 오늘은 어떤 하루였을까요?" 곰의 모습을 귀엽게 꾸미지도, 촬영하지도 않았다. 하지만 봄바의 모습을 그저 가만히 보여주며 우리에게 스스로 답을 찾도록 하는 이 영상은 단연 곰 보금자리 프로젝트스럽다. 우리는 바닥에 앉아 있는 봄바의 뒷모습에서 아주 긴 여운과 그리움을 느낀다. 그저 그가 무언가를 아주 오래 기다리고 있다는 것을. 여전히 오지 않은 그것을 기다리고 있다는 것을 안다. 어떤 이들은 '희망'이라고 말할 그것을 봄바가 만나기를 바란다. 곰 보금자리 프로젝트는 곰과 우리가 만날 수 있도록 조용히 자리를 비켜준다. 그들은 '초대하는 자'들이다. 우리가 함께 나아가야 할 곳의 문을, 먼저, 두드린다.

알고자 하는 마음이
사랑이 되려면

제주 곶자왈 말 보호센터 마레숲

글 **정윤영** | 사진 **신선영**

♥ 후원
 농협
301-9631-
0010-71

ⓘ ourlandourhorses

덤불숲 속에 말이 살고 있다

제주도 곶자왈. 제주도 말로 곶은 나무숲을, 자왈은 자갈을 뜻한다. 그러니까 나무와 가시덩굴이 마구 뒤엉킨 덤불숲이다. 한라산 화산이 분출할 때 만들어진 용암 지대로 땅이 울퉁불퉁한 이 덤불숲에는 이끼류부터 온갖 수목과 식물이 뒤엉켜 살고 있다. 열대식물과 한대식물이 공존하는 세계 유일의 숲, 지구에 하나뿐인 이 덤불숲에는 온갖 생명이 숨을 쉬며 살고 있지만 크고 작은 바윗덩어리가 많아 사람이 살기에는 어려운 곳이다. 사람이 쉽게 드나들지 못해 곶자왈은 자연림을 유지할 수 있었다. 동물에게는 먹을 게 많고 마실 게 있는 곳, 숨골(용암이 굳으면서 만들어진 작은 동굴의 입구처럼 생긴 지형)이 있어서 더위와 추위를 피할 수 있는 야생의 숲이다.

제주 서쪽 중산간 지역의 도너리오름 곶자왈. 도로 갓길에 차 한 대 들어갈 정도로 좁고 표지판이 없어 몇 번쯤 그냥 지나치게 되는 길목. '여기가 맞나?' 하는 생각에 두리번거리며 안으로 들어가면 울퉁불퉁한 자갈길에 차가 덜컹거린다. 흔들리는 차를 따라 몸이 같이 들썩거리고, 나뭇잎이 차 지붕에 닿아 부스럭거리는 소리와 차 유리창에 나뭇가지가 탁탁 부딪치는 소리가 크다. 유리창으로 보이는 것이라곤 자갈이 박힌 흙길과 키가 제각각인 나무들뿐이다. 안으로 들어갈수록 나뭇잎들이 겹겹이 모이고 가시덩굴과 서로 뒤엉켜 수풀은 위로 옆으로 초록을 부풀린다.

숲 냄새가 창문을 닫은 차 안까지 들어온다. 수풀이 차에 닿는 소

생추어리로 가는 길

리를 들으며 아치형으로 나뭇가지를 크게 늘어뜨린 길을 천천히 달리다 보면, 내가 알던 세상 따위가 점점 멀어지고 잘 쓰이지 않던 감각들이 낯선 공간을 탐색하느라 바빠진다. 어디선가 새와 나무가 소리를 내고 눈앞에는 꿩이 앉았다 걷다 날아간다. 자연의 풍경과 소리와 냄새에 눈과 귀와 코는 바쁜데 이상하게 마음은 차분해지는 그런 곳.

그곳에 말들이 살고 있다. 평생 죽도록 달리다가 정말로 죽게 된 말들, '고기'가 될 뻔한 죽기 직전의 말들이. 쓸모를 다했다고 버려진 말들이 모여 있는 곳, 죽지 않고 살아남아 진짜 삶을 살고 있는 곳, 그래서 생추어리라고 부르는 이곳에는 매일같이 사람들이 찾아온다. 매일 '사건'이 벌어지는 곳, 하루도 그냥 넘어가는 일이 없는 곶자왈 말 구조보호센터(2024년 9월 '곶자왈 말 보호센터 마레숲'이라는 이름으로 공식 명칭이 바뀌었다.)를 신선영 사진가와 함께 찾았다.

말들의 분주한 아침

'곶자왈 말 보호구역'이라고 쓰인 입구에 다다르자 말들이 보인다. 말들은 몇 마리씩 무리를 지어 입구 근처에 서 있었다. 말들 사이에 곶자왈 생추어리를 만들고 말을 돌보는 김남훈 대표가 여러 사람들과 이야기를 나누고 있었다. 2주 뒤에 있을 방송 촬영을 위해 미리 이곳을 찾은 이들이었다. 김남훈 대표와 방송국 사람들은 말들이

말들이 좋아하는 목초 라이그라스

특별보호구역에서 라이그라스를 먹는 말들

먹을 풀을 베러 가는 길이라고 했다. 이제 막 도착한 우리도 함께 가기로 했다.

차를 타고 5분쯤 달리다 농가 근처 풀이 가득한 들판에 멈췄다. 들판에는 라이그라스가 가득했다. 라이그라스는 말이 좋아하는 목초로 1년 내내 자라는 데다 잎이 많아 사료로 많이 쓰인다. 김 대표는 지난겨울 약 5만 제곱미터(1만 5000평)의 들판을 이웃주민에게 빌렸고 라이그라스 씨앗을 뿌렸다. 봄이 되자 라이그라스가 사람 무릎 높이까지 자랐고 이삭이 나오기 시작했다.

들판 한쪽에는 말 다섯 마리가 풀을 뜯고 있었다. 다섯 마리는 무리와 잘 어울리지 못하는 말들이었다. 식사시간마다 다른 말들에게 쫓겨나기 일쑤였고 잘 먹지 못했다. 다섯 마리는 많이 말랐고 정형행동까지 보이기도 했다. 김 대표는 다섯 말들이 다른 말들에게 쫓기지 않고 편하게 밥을 먹을 수 있도록, 또 정형행동 대신 풀을 뜯으며 살을 찌울 수 있도록 라이그라스가 자라자마자 들판으로 데리고 왔다. 라이그라스가 자라는 들판, 다섯 말이 지내는 이곳을 우리는 '생추어리 특별보호구역'이라고 불렀다.

풀을 뜯는 말들에게 방해가 되지 않도록 김 대표는 멀찌감치 떨어져서 예초기를 돌렸다. 30분쯤 풀을 베었을까. 이제 풀을 트럭에 실을 차례다. 1톤짜리 트럭 짐칸에 풀이 금세 수북하게 쌓였다. 생추어리의 어느 계절이고 바쁘지 않은 계절이 없고, 어느 날이고 일이 터지지 않는 날은 없지만 봄은 유달리 바쁘다. 예초와 마시멜로 작업 때문이다. 새벽에 풀을 베어 말들에게 먹인 뒤 시간이 날 때마다 풀을 베어 곤포에 저장해 쌓아둔다. 커다란 마시멜로 모양의 500킬로그램 가까이 되는 곤포 하나는 40여 마리의 말들이 하루에 먹는 양이다. 겨울 동안 말들이 배고프지 않도록, 풀이 무섭게 자라는 봄이면 곤포를 만드는 것도 일과였다.

생추어리에서 라이그라스 생초를 기다리고 있을 말들에게 돌아갈 시간이다. 차량이 생추어리에 도착하자 야생마 두 마리가 입구에서 기다리고 있다. 작년부터 찾아오는 야생마와 그의 새끼다. 밥 먹는 시간을 알고 밥 때에 맞춰 이곳으로 찾아온다. 야생마들이 오면 생추어리의 말들이 가까이 다가가 냄새를 맡는다. 말들이 자리로 돌아가면 들어와도 좋다는 허락이라도 받은 듯 둘은 안으로 들어와 건초를 먹고 다시 산으로 간다.

생추어리의 말들도 풀냄새를 맡았는지 하나둘 입구를 향해 달려온다. 마음이 급한 말들은 기다리지 못하고 천천히 달리는 차에 고개를 들이밀어 생초를 한 움큼 집어먹는다. 김 대표는 입구에 있는 말들에게 라이그라스를 한 아름 던져주고 언덕이 있는 초원으로 이동하며 말들을 불렀다.

"마마마마마마마"

밥 먹으라고 말들을 부르는 소리다. 김 대표가 부르는 소리에 멀리 있는 말들도 차량을 따라온다. 식욕이 왕성해 보이는 말들이 차를 향해 빠르게 달려오고, 그 뒤를 임신한 말들과 몸이 약한 말들,

서열이 낮은 말들이 따라 걷는다. 달리기가 빠른 말들은 차 뒤에 바짝 달라붙어 라이그라스만 보고 달린다. 차를 세우고 라이그라스를 내려놓는 사람의 느린 속도를 기다리지 못하고 짐칸으로 달려든다. 달려드는 행렬 사이에서 작은 다툼이 벌어지기도 한다. 허밍이 자기를 앞질러 가는 모아나를 보고 앞발을 들어 길을 막아선다. 주둥이로 모아나의 얼굴을 밀쳐내고는 자기가 먼저 내달린다. 모아나도 지지 않으려고 얼굴을 들이밀었지만 실패. 키가 더 큰 허밍은 꼼짝도 않는다.

걷는 말들은 다른 말들이 먼저 자리를 잡고 풀을 먹기 시작할 때까지 기다린다. 라이그라스는 언덕 위에 대여섯 군데 나누어 쌓아둔다. 말들은 무리를 지어서 먹기 때문이다. 달리는 말들은 달리는 말들끼리, 서열이 낮은 말들은 자기들끼리, 무리는 항상 정해져 있

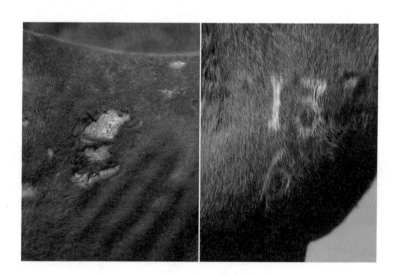

었다.

말들이 이제 막 베어온 생초를 정신없이 먹기 시작한다. 윗입술로 풀을 한 움큼 두껍게 집어 물어 입안으로 빠르게 집어넣는다. 입에 넣고 씹는 속도가 매우 빠르다. 입속으로 들어가는 만큼 바닥에도 우수수 떨어진다. 다른 말과 경쟁하듯 얼굴을 밀쳐내면서도 입은 쉬지 않는다. 말은 크고 단단한 이빨로 풀을 씹는다. 우적우적 풀 씹는 소리가 크고 빠르고 일정하다. 풀을 씹을 때마다 말의 턱과 관자놀이 근육이 크게 씰룩거린다. 얼마나 온 힘을 다해 먹는지 크고 넓적한 얼굴 근육을 모두 사용해 밥을 먹는 것만 같다.

한자리에서 풀을 다 먹고 바닥이 드러나기 시작하면 말들은 옆으로 자리를 옮긴다. 서열이 높은 말들이 오면, 그 자리에서 먹고 있던 말들이 재빠르게 몸을 뒤로 빼 자리를 내어준다. 무리에 잘 끼지 못하는 말들, 서열이 낮은 말들은 늘 마음껏 풀을 먹지 못한다. 풀을 한 가닥씩 집어 먹거나 아무것도 없는 바닥에 코를 갖다 대고 킁킁거리며 주변을 맴돈다.

서열이 낮은 말 한 마리는 한눈에 봐도 온몸이 흉터였다. 오래되어 보이는 흉터는 어깨와 옆구리, 엉덩이에 몰려 있었다. 안장과 박차, 채찍이 닿았을 자리였다. 말의 몸에는 찢기고 데고 팬 흉터와 함께 왼쪽 어깨에는 인두기로 새긴 듯한 표식과 오른쪽 어깨에는 13과 6이라는 숫자가 짙게 남아 있었다.

생추어리의 대장 모히칸

모히칸을 찾으러 가는 길

말들이 풀을 먹는 동안 김 대표는 아침부터 보이지 않는 모히칸을 걱정했다. 요 며칠 모히칸은 자꾸만 밖으로 나갔다가 밤이 되어서야 돌아오곤 했다. 생추어리의 대장 모히칸은 2021년에 생추어리에 왔다. 곶자왈 근처에서 야생마로 살던 말이었다. 모히칸의 넓은 발굽은 야생에서 살던 흔적이었다. 야생의 기억은 또 있다. 매년 봄이 되면 어떻게든 울타리가 비어 있는 곳을 찾아내고 가시덤불 사이 틈을 만들어서 밖으로 나간다. 사랑을 찾아 곶자왈 여기저기를 누비고 다니는 것이다.

생추어리에 있는 '수말'들은 모두 중성화 수술을 한다. 생추어리에 새로운 말이 태어나는 건 근처 목장에 중성화되지 않은 말들이

하얗게 삭은 노루 뼈

있기 때문인데, '암컷'은 중성화 수술이 쉽지 않다. 김 대표는 "말이 새끼를 낳는다는 건 한층 더 성숙해진다는 의미"라고 믿기 때문에 중성화 수술이 썩 내키지는 않지만, 그렇지 않으면 말이 계속 늘어나기 때문에 어쩔 수 없다고 덧붙였다. 모히칸도 이곳에 오고 중성화를 마쳤지만, 그렇다고 생식 욕구가 사라지는 것은 아닌 듯했다. 매일매일 모히칸이 밖으로 나가고 김 대표가 다시 데려오는 게 일과가 되었다. 모히칸의 얼굴에 굴레를 씌운 이유도 이 때문이었나 보다. 김 대표는 아침도 못 먹었을 거라며 모히칸을 데리러 간다고 했다. 곶자왈 이 넓은 곳 어디에 모히칸이 있을 줄 알고 찾으러 간다고 할까? 어디 있는지 아느냐고 묻자 김 대표는 씨익 웃어 보였다.

생추어리가 있는 곶자왈은 사람이 잘 드나들지 않는 곳이다. 공동 소유지를 관리하는 사람이 가끔 와보는 것 말고는 아무도 오지 않는 이곳은 탱자나무와 작살나무, 이름 모르는 나무와 야생화가 가득했다. 탱자나무는 꽃이 하얗고 연두색 잎이 환했다. 환한 꽃잎 뒤로 두꺼운 가시가 뾰족하게 솟아 있다. 탱자나무 아래에는 하얗게 삭은 뼈들이 널브러져 있었다. 김 대표는 노루의 뼈 같다고 했다.

곶자왈에는 들개가 산다. 개들은 무리 지어 다니며 노루나 작은 동물들을 사냥한다. 종종 생추어리에도 들개가 찾아왔고, 들개 무리의 공격에 말들이 다치기도 했다. 2년 전 모히칸이 생추어리에 오고 나서 말들의 대장이 되었다. 모히칸은 말을 공격하는 들개들을 모두 내쫓았고 그 뒤로 개들이 찾아오는 일은 더는 없었다. 들개라고 부르지만, 열 마리 넘게 무리 지어 다니며 말을 사냥하는 개들은 주로 유기된 개들과 그 새끼들이었다.

가시 많은 탱자나무와 수풀이 점점 줄어들더니 평평한 초원이 보였다. 마라도가 훤히 내려다보이는 초원에 야생마 두 마리가 서 있었다. 엄마와 새끼로 보이는 말은 사람이 다가오는 것을 유심히 보고 있었다. 여기가 그들이 사는 곳인지 말똥이 가득했다. 김 대표가 야생마라 부르는 말들이 종종 있다. 그러나 곶자왈에 보이는 야생마는 목장에서 태어났지만 방치되거나 유기되어 살아가는, 주인 없는 말에 가까웠다. 말은 이미 야생절멸 상태로 분류되기 때문이다. 게다가 그린벨트로 묶여 개발이 제한된 땅 정도를 제외하면 야생동물이 살 만한 서식지가 사실 없기도 하다.

이 두 마리는 야생에서 살아가기에 사람이 붙여준 이름이 없었다. 엄마 말은 목장에서 태어나 버려졌는지 혹은 곶자왈에서 태어

나이 든 얼굴의 토종 제주마와 그의 새끼

났는지 알 수 없으나 그의 새끼는 야생에서 태어났고, 엄마 말이 올해 서른아홉 살이 되었다는 것은 분명했다. 곶자왈을 관리하는 사람들은 말이 서른아홉 해 동안 이곳에 사는 것을 보아왔다.

말의 수명은 23년에서 35년으로 알려져 있다. 할머니라고 불러야 마땅한 서른아홉 살의 말은 얼굴이 매우 크고 다리가 짧았다. 한눈에 봐도 토종 제주마였다. 야생마의 큰 얼굴이 하얗게 셌다. 하얗게 센 털은 하얀 털과는 달랐다. 하얗게 센 털 아래로 거뭇한 피부가 얼룩덜룩했다. 눈가의 살들이 늘어졌고 쭈글쭈글했다. 코에는 가로로 몇 겹씩 주름이 졌고 입술도 처지고 헐렁거렸다. 할머니가 된 말은 이마갈기가 짧았다. 생추어리에서 본 말들의 갈기는 앞머리를 내린 것처럼 얼굴과 목까지 내려와 마치 머리카락 같았는데 어떤 말은 가위로 자른 듯 갈기가 반듯했고 어떤 말은 눈을 가릴 정도로 갈기가 길었다. 할머니 말은 갈기가 있던 흔적만 남았고, 목부터 등까지 길게 뻗은 갈기의 털도 아주 짧고 꼬불꼬불했다.

김 대표가 "우리가 보기에 말랐다고 할 수도 있겠지만 서른아홉 살에도 새끼를 낳았잖아요. 자연 속에서 잘 살고 있는 거 아니겠어요?"라고 하는데, 그제야 말의 마른 몸이 보였다. 짧은 털인지 척추인지 헷갈릴 만큼 등허리의 뼈가 튀어나와 있고 옆구리와 엉덩이도 뼈의 형태가 고스란히 드러나 있었다. 야생에서 서른아홉 해를 살았다는 말을 들어서인지 말랐어도 앙상하다는 느낌은 아니었는데, 크고 넓적한 얼굴과 다른 말에 비해 두꺼운 목과 다리를 먼저 봤기 때문인지도 모르겠다. 한참을 나이가 든 말의 얼굴에서 눈을 떼지

모히칸을 데려오는 길

못했다. 할머니 말은 어떻게 봐도 나이가 아주 많이 들었고, 옆에 있는 망아지는 그의 새끼인 게 분명했다. 망아지는 살이 통통했고, 엄마를 닮아 다리가 짧고 작은 귀가 뾰족했다.

모히칸에게 주려고 챙겨온 당근을 말들에게 내밀어보았다. 말들은 당근을 보고도 다가오지 않았다. 김 대표는 야생마는 당근을 안 먹는다며 한참을 크게 웃다가 사람에게 길들여진 말이나 당근을 먹는다고 말을 이었다. 우리가 계속 떠들어대자 말들은 천천히 사람에게서 떨어져 멀리 가버렸다. 이곳의 불청객은 사람이었는데……. 우리도 얼른 자리를 떠났다.

"저기 있네!" 김 대표가 모히칸을 찾았다. 모히칸은 탱자나무로 둘러싸인 초원에서 말 세 마리와 한가로이 시간을 보내고 있었다. 차를 알아봤는지 모히칸은 움직임을 멈추고 우리 쪽을 뚫어져라 쳐다봤다. 좀 더 가까이 다가가자 말 세 마리는 반대쪽으로 도망치듯 달렸다. 모히칸도 말들을 따라 몇 발자국 뛰더니 더 이상 가지 않고 김 대표에게 다가와 당근을 받아먹었다. 아침을 안 먹어서 배고플 거라더니 모히칸은 정신없이 당근을 씹었다. 당근을 씹는 동안 모히칸 굴레에 끈을 달았다. 돌아오기로 선택한 것일까. 익숙한 듯 모히칸은 차를 따라 걷다 달리기를 반복하며 생추어리로 향했다. 모히칸이 돌아오자 말들이 입구까지 나와 모히칸을 반겼다. 말들은 서로의 얼굴과 목을 비볐다. 생추어리가 모히칸의 집이었다.

말들은 누워서 잠을 잔다

모히칸이 돌아오고 생추어리에 휴식시간이 찾아왔다. 울타리에 목
과 엉덩이를 문지르며 가려운 곳을 긁기도 하고, 옆에 있는 말과 뽀
뽀하듯 장난을 치기도 한다. 가장 놀라웠던 건 말들이 앉아서 쉬고
누워서 잔다는 것. 발목을 구부려 앞다리를 천천히 땅에 내려놓고
살포시 앉는 말이 있는가 하면, 철퍼덕 주저앉아 엉덩이를 바닥에
내려놓는 말이 있고, 등을 바닥에 대고 배를 뒤집어 눕는 말도 있다.
자세를 취한 말들은 바람에 갈기를 날리며 숙면에 취한 듯 눈을 감
고 있다.

말들은 쉴 때도 혼자 있지 않는다. 무리를 지어 서 있는 말들은
얼굴과 목을 서로 맞댄 채 눈을 감고 있다. 한참을 가만히 서서 서로
의 숨결이 뺨과 목에 닿는 걸 느끼면서, 코를 골기도 하고 잠꼬대를
하면서 말들은 시간을 보낸다. 모두 앉거나 누워서, 혹은 서서 시간
을 보내는 때에도 모히칸은 꼿꼿이 서서 주변을 살핀다. 생추어리
에는 바람 소리, 나뭇잎이 흔들리고 모래가 굴러가는 소리, 갈기가
나부끼는 소리와 잠든 말들의 숨소리와 잠들지 않은 말들이 풀을
뜯는 소리가 들린다. 가끔 까마귀가 까악까악 소리를 낸다.

볼 때마다 누워 있는 로에나. 밥을 먹을 때 말고는 항상 옆으로
네 다리를 쭉 뻗고 누워 눈을 감고 있다. 로에나가 누워서 쉴 때는
어디 아픈 건가 싶을 정도로 움직이지 않는다. 큰소리가 나거나 누
군가 가까이 다가가도 웬만해선 눈도 뜨지 않는다. 말은 겁이 매우

누워서 자는 로에나

많고 예민한 것으로 알려져 있다. 다른 말들은 소리가 나거나 사람이 가까이 오면 깜짝 놀라 눈을 크게 뜨거나 자리에서 벌떡 일어나 다른 곳으로 가버리는가 하면, 눈을 감고 있더라도 코를 씰룩거리며 상황을 확인한다. 로에나는 처음 봤을 때도 눈만 몇 번 깜빡거리고 말더니 그다음부터는 가까이 다가가도 미동도 않는다. 로에나는 어쩜 이렇게 태평한 걸까.

이제 한 살이 된 로에나는 제이시의 새끼다. 제이시는 김 대표가 처음으로 구조한 말이었다. 처음 만났을 때 제이시는 오른쪽 대퇴골이 탈골돼 잘 걷지 못했다. 제이시를 본 수의사는 단번에 안락사를 권했다. 그 말을 들은 김 대표의 지인이 자신이 살릴 수 있다며 안락사를 말렸다. 몽골에서 온 지인은 평생을 말과 함께 살아온 사람이다. 그는 제이시의 배에 밧줄을 감았다. 김 대표에게 말의 목을 잡게 하고 배에 감은 밧줄을 한 번에 잡아당겼다. 밧줄이 조여들자 말이 크게 뒷발질을 했다. 대퇴골에서 '팍' 하는 소리와 함께 탈골된 뼈가 들어갔다. 그는 몽골에서는 이렇게 한다며, 한국 사람들은 너무 책으로 배운 대로만 한다는 말을 보탰다. 수의사 입장에서는 잘못된 의료행위로 볼 수도 있고, 그래서 제이시의 상태는 더 나빠졌을 수도 있다. 하지만 제이시는 금세 회복했다. 뼈밖에 없던 제이시는 제법 살이 쪘고 2년 뒤 로에나를 낳았다. 제이시를 데려올 때만 해도 말을 키울 만한 공간이 마땅치 않아 김 대표가 사는 집 옆에서 키웠다. 제이시가 로에나를 낳을 때쯤 그들에게는 평생 살 보금자리가 생겼고, 이제 제이시는 라이그라스를 실은 차량을 일등으로 따라 달리는 말이 되었다.

갈색 털을 가진 제이시는 이마부터 코까지, 또 양말은 신은 듯 네 발에만 짙고 가지런한 하얀색 털로 덮여 있다. 제이시를 닮아 하얀색 털과 갈색 얼룩이 짙은 로에나는 생추어리에서 처음 태어난 말이다. 낯선 사람이 다가와도 경계 없이 잠들 수 있는 건 태어날 때부터 사람과 가까웠기 때문이다.

승마장이 아닌 생추어리를 만든 이유

김 대표가 안락사 권유를 받은 제이시를 데려오긴 했지만, 처음부터 생추어리를 염두에 두고 구조한 것은 아니었다. 제이시 그리고 그의 새끼 로에나와 함께 살면서 그는 처음으로 말과 진심으로 교감한다는 느낌을 받았다. '올란'이라는 말을 도축 직전에 또 한 번 구조할 때만 해도 그는 말들이 좋은 환경에서 훈련을 받을 수 있도록 복지가 좋은 승마장을 계획하고 있었다. 말들이 훈련이 아니라 생존할 수 있는 곳, 승마장이 아니라 생추어리가 필요하다고 생각하게 된 건 한 영상을 본 뒤였다.

국제동물권리단체인 페타^{PETA, People for the Ethical Treatment of Animals}는 2019년 제주도의 한 도축장에서 말들이 전기충격을 받으며 끌려가 다른 말들이 보는 앞에서 도축되는 장면을 공개했다.[1] 도축된 말들의 나이는 평균 서너 살로 '경주마 불용' 판단을 받은 말들이었다.

페타가 공개한 영상에는 경기 도중 부상을 당해 다리에 붕대를 감은 채로 도축장으로 끌려간 말도 있어 공분을 샀다. 영상이 공개된 후 세계 최대 경마기업인 스트로나흐Stronach Group는 한국에 경주마 수출을 중단하겠다고 발표했고[2] 제주도 축협 관계자는 동물보호법 위반으로 고발되는 등 파장이 적지 않았다.

김 대표도 충격이 컸다. 미국에서 호스맨십horsemanship(승마기술을 위한 조련법을 뜻하는데 한국과 달리 해외에서는 말과 교감하는 법을 배우는 프로그램이 많이 발전했다.)을 배울 때, 그는 동료들에게 제주도가 말이 살기에 얼마나 좋은 곳인지 늘 자랑해왔다. "사람을 낳으면 서울로 보내고, 말을 낳으면 제주도로 보내라."는 한국 속담까지 알려주며, 거기가 자신의 고향이라고 우쭐했던 그였다. 그동안 말은 사람이 타는 것으로만 생각했지 말의 삶, 그 삶의 질은 생각해본 적이 없었다. 부끄러웠다. 경주마가 도축되는 현실을 알고 나서도 경주마를 훈련하는 일을 할 수는 없었다. 그때는 생추어리가 뭔지도 몰랐지만, 살 수 있는 말이 고기가 되게 할 수는 없었다. 울란과 같은 말들, 영상에서 본 도축되어야 했던 말들을 데려와야겠다 싶었다.

말을 데려올 때는 비용을 치러야 한다. 동물은 현행법상 유체물,[3] 그러니까 물건이기 때문이다. 동물이 물건으로 취급되는 한 동물은 소유주의 재물로 인정을 받는다. 말도 예외는 아니다. 김 대표는 살릴 수 있는 말들을 죽도록 내버려둘 수 없어 비용을 치르고서라도 말들을 데려온다. 김 대표는 언젠가 말들이 누구의 소유물도 아니게 되기를, 자연 속에서 야생마로 살아가기를 바라지만, 지금

제주 곶자왈 말 생추어리를 운영하는 김남훈 대표

으로선 소유주가 누구인지 분명히 하기 위해 생추어리에 온 말들의 몸에 칩을 심는다.

그는 자신의 할아버지 때부터 말과 소를 방목해 키웠던 곳을 떠올렸다. 곶자왈 도너리오름. 돌이 많은 곳이라 돌오름이라고도 불렀고 알곶이라고도 불렀던 이곳은, 소유주들의 동의를 얻어 마을 공동목장이 된 곳이었다. 김 대표는 어릴 때부터 할아버지를 따라 오름에 자주 왔고, 약 225만 제곱미터(68만 평)의 초원에는 늘 말과 소들이 풀을 뜯고 있었다. 종종 말을 타기도 했다. 예전처럼 그곳에서 말들을 자유롭게 키우면 되겠다고 생각했다. 할아버지가 그랬던 것처럼 소유주들의 동의를 얻기만 하면 될 터였다.

김 대표는 40년 만에 도너리오름을 찾았다. 할아버지와 아버지가 돌아가시고 말과 소가 사라진 초원은 온통 가시덤불 숲으로 변해 있었다. 몇 발자국만 걸어도 바지가 찢어졌다. 가슴까지 오는 장화를 신고 가시덤불을 베어가며 한 발씩 안으로 들어갔다. 공동목장의 입구였던 곳도 온통 나무로 뒤덮여 있었다. 한 달 동안 포크레인과 트랙터를 끌고 와 가시덤불과 나무들을 정리해 길을 만들었다.

길을 만들어 100미터쯤 안으로 들어가자 패덕paddock(임시로 울타리를 친 땅을 뜻하기도 하고, 말을 길들이는 작은 목장 혹은 경기 전에 말을 관객에게 선보이는 곳)이 보였다. 할아버지가 말을 키울 때 만든 패덕이 가시덤불에 덮여 있었다. 사각형의 패덕 안에는 할아버지 때부터 쓰던 물통도 그대로 있었다. 물통은 있지만 물은 나오지 않았다. 김 대표는 매일 시내에서 말들이 마실 물을 길어와 물탱크 두 개를 채웠다. 1년 가까이 물을 길어 나르며 목장에 수도 시설을 놔달라고 읍사무소에도 들락거렸다. 오랜 기간 투쟁(?)한 결과 목장에는 수도 관이 들어섰고 말들은 언제든 물을 마실 수 있게 되었다.

곶자왈 금악리 중산간 마을에 생추어리 공간을 만드는 데 꼬박 2년이 걸렸다. 수돗물을 얻기 위해 지자체와 싸움도 마다하지 않았 고 필요하면 포클레인과 트랙터 모는 법을 배웠다. 자갈이 너무 많 은 곳은 말발굽 사이에 자갈이 끼지 않도록 우드칩을 깔았다. 가시 덤불 숲을 이루던 곳은 40년 만에 다시 초원이 되었고 말들의 집이 되었다. 생추어리가 모습을 갖추는 동안 제이시와 로에나, 올란뿐 아니라 구조와 보호가 필요한 말들이 점점 늘어났다.

생추어리로 만드는 과정에서 우려의 목소리가 없었던 것은 아니 었다. 나무를 베는 벌목이 불법이 아니냐는 지적도 있었다. 김 대표 는 임의 벌채, 그러니까 죽은 나무나 위험 요소가 있는 나무는 벌 채4할 수 있으며, 오히려 벌채를 하고 곶자왈에 말들이 살면서 생태 계가 더 다양해지기도 한다고 부연했다.

"여기 봐요. 가시덤불만 있던 곳에 쑥이 나오고 산딸기가 나왔어요. 말들 이 여기에서 풀을 뜯고 똥을 싸면서 여러 생명이 자라나는 거예요. 말들 이 여기에서 풀을 뜯고 똥을 싼다고 나무를 죽이는 게 아니라 오히려 자 라게 하잖아요."

초원으로 바뀐 생추어리에 점점 말들이 늘어나 서른다섯 마리가 되었다. 김 대표의 하루는 아침 5시 반에 시작해 해가 질 때쯤 말들에게 저녁밥을 주는 것으로 끝이 난다. 눈을 뜨면 말들에게 밥을 주고 특별보호구역으로 가서 말들에게 줄 생초를 가져온다. 오전에는 말들의 똥을 살펴보며 말들이 잘 먹고 있는지 관찰한다. 생초를 다 먹은 말들이 휴식을 취하면 김 대표는 그제야 의자에 앉아 컵라면을 하나 먹는다. 그의 휴식시간은 그리 길지 않은데, 사건과 사고는 매일 일어나고, 또 매일같이 찾아오는 사람이 있기 때문이다. 금세 말들에게 저녁밥을 줄 시간이 된다. 그는 물통에 물을 채우고 건초 더미를 풀어 사료와 섞어서 말들이 먹을 수 있게 뿌려둔다. 저녁을 먹고 말들이 숲 깊숙이 들어가면 그제야 하루가 끝난다. 하루도 빠짐없이 4년을 그렇게 해왔다. 일과를 일로만 생각했으면 아마 못했을 거라고 김 대표는 말한다.

"말들이 풀 먹는 소리가 너무 좋아요. 그 소리를 들을 생각에 아침에 눈 뜨는 게 기다려진다니까. 풀 베러 가는 거 힘들겠다고 하는데, 솔직히 하나도 힘들지 않아요. 말들이 먹을 거 생각하면 웃음만 나."

말이 좋아 프로 골퍼라는 직업을 그만두고 제주로 온 그였다. 말이라는 동물을 더 알고 싶었고, 자연에서 말을 방목해 키우고 싶었다. 어릴 때 할아버지와 봤던 자유롭게 뛰놀던 말들, 그 생생한 기억이 그에게 자신감을 주었다. 말들의 고향으로 알려진 몽골에서는 말을 어떻게 키우는지 직접 보고 싶어 방문하기도 했다. 도축될 말들을 데려오고, 말들에게 줄 풀을 베고, 말들이 지낼 공간을 매일 정비하고, 생추어리에서 벌어지는 모든 일들을, 그는 하나부터 열까지 직접 부딪치며 배워왔다. 낮에는 말들과 지내고 밤에는 시내에서 골프 레슨을 해 사료값을 벌었다. 차를 타고 지나다니다 풀이 높게 자라 있으면 그게 다 밥으로 보였다. 가던 길을 멈추고 주인에게 허락을 받아 풀을 베어 먹였다. 그렇게 생추어리가 사람들에게 알려지기까지 4년이 걸렸다. 그에게 4년은 말들에 대해 배우고 말들의 삶을 이해하는 시간이기도 했다.

"모히칸이 어디로 갔는지 알겠다니까, 이제." 김 대표는 벅차오르는 감정을 감추지 못했다. 둘 사이의 친밀함이 고스란히 전해졌다. 취미로 말을 타고 승마장을 운영하려고 했을 때에는 알지 못한 것들이었다. 같이 살면서 더 많이 알게 된다는 걸, 말들을 돌보면서 진짜 사랑하게 된다는 걸 김 대표는 배웠다.

생추어리 말들의 시간

맥스가 목욕하는 날이다. 맥스는 생추어리 입구 근처에 원형으로 울타리를 친 마장에 혼자 있었다. 이곳에 온 지 얼마 되지 않아 무리에 합류하지 못했기 때문이다. 부산에서 왔다는 맥스는 어느 개인이 입양해 키우던 말이었다. 맥스에게 씌운 굴레 때문인지 정수리에 염증이 생겨 고름이 차올랐다. 굴레에 가려져 있어 고름이 찬

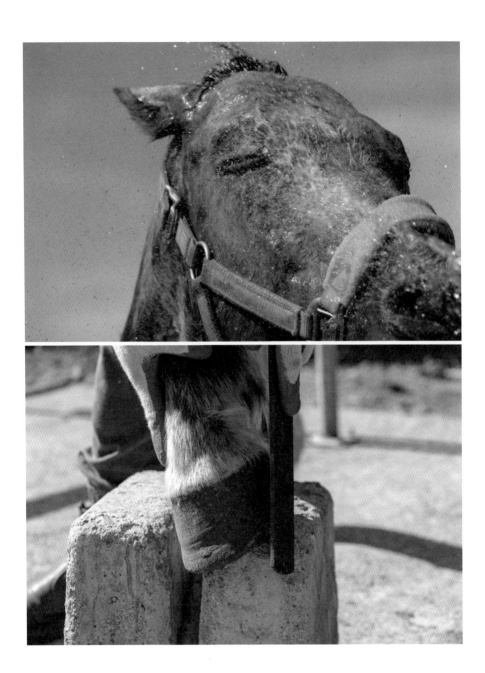

맥스의 목욕

걸 마주는 알지 못했다. 맥스에게서 냄새가 심하게 났고 몸은 이유 없이 점점 말라갔다. 말이 좋아서 입양했지만 탈 수 없는 말, 악취가 나는 말을 마주는 어찌해야 할지 몰랐다. 마주는 김 대표에게 말을 맡겼다. 이곳에 오고 나서야 맥스에게 상처가 있다는 걸 알았다. 굴레를 벗겨 매일 상처를 소독하고 약을 발랐다. 얼마 지나지 않아 상처는 아물었고 살도 오르기 시작했다.

목욕을 앞두고 맥스의 발굽을 먼저 정리한다. 경주마들은 발굽에 편자를 단다. 편자는 말하자면 쇠로 된 신발이다. 경주마들은 발굽이 금방 닳기 때문에 편자를 쓰는데, 이곳에서는 편자를 달 필요가 없다. 발굽이 닳아 없어질 정도로 달릴 일이 없으니까. 맥스는 상처를 치료하느라 마장 안에서 혼자 지내는 중이었고 무리와 섞이지 못해 초원을 달리지 못한다. 한 달에 1센티미터 가까이 자라는 발굽이 너무 길어지지 않도록 커다란 스크래처로 발굽을 긁어준다.

올해 여섯 살인 맥스의 털은 회색이다. 태어날 때는 검은색이었다가 다섯 살이 넘으면 백마가 되는 청회마이다. 검은색과 흰색 털이 뒤섞인 맥스의 털에 시원하게 물줄기가 닿는다. 맥스는 물줄기가 몸에 닿을 때마다 시원한지 고개를 위아래로 또 좌우로 흔들어댄다. 김 대표는 맥스의 몸 구석구석을 긁어주며 상처가 완전히 아물었는지 더 다친 곳은 없는지 한 번 더 살핀다.

물 목욕이 끝나면 모래 운동장으로 이동한다. 몸에 묻은 물기를 털기 위해 모래 샤워를 할 차례다. 맥스는 뭘 해야 하는지 아는 듯 앞다리로 모래바닥을 퍽퍽퍽퍽 긁어서 누울 자리를 만든다. 충분

물 목욕이 끝나면 물기를 털기 위해 흙으로 목욕을 한다.

히 파냈는지 앞다리를 구부리고 옆구리부터 엉덩이를 차례대로 바닥에 대고 철퍼덕 눕는다. 네 다리를 하늘로 뻗어 엉덩이를 바닥에 비비면서 왼쪽으로, 또 오른쪽으로 몸을 뒹굴어가며 온몸을 비벼댄다. 몸을 이리저리 굴릴 때마다 다리가 향하는 쪽으로 모래가 흩날린다. 한 번으로 부족했는지 자리를 바꿔 다시 모래를 파고 코로 냄새를 맡는다.

모래놀이를 하는 맥스 곁으로 루시가 다가왔다. 길에서 헤매고 다니는 유기견이었던 루시는 김 대표를 만나 생추어리의 가족이 되었다. 맥스는 김이 샜는지 움직임을 멈추고 자리를 옮긴다. 루시가 떠나가자, 그제야 얼굴을 모래에 갖다 대고 다시 모래 샤워를 시작한다. 한참 모래를 묻혀 물기를 털어내면 이제 몸에 달라붙은 모래를 털어낼 차례다. 진공청소기 바람으로 드라이하듯 온몸을 털어내면 물기가 마른다. 가벼워진 맥스의 회색 털이 보송하다.

곶자왈 생추어리의 하루는 짧고도 길었다. 새벽 5시 반이면 하루가 시작되고 많은 일들이 지나간다. 일상은 단조로웠다. 매일 반복되는 것들은 익숙해질 만하면 지루함을 느끼기 마련인데, 생추어리의 단조로운 시간은 지루하지가 않았다. 말들이 풀을 뜯고 달리는 것을 보고 있으면 한두 시간이 금방 지나간다. 그런데도 여전히 한낮이었고 할 일이 많이 남아 있었다. 우리는 생추어리에서 보내는 낯설고 신기한 시간 체험(?)에 놀라워했다. 그러다 한병철의 『시간의 향기』에서 인용한 『무문관無門關』의 한 구절이 떠올랐다.

봄의 백화, 가을의 달

여름의 서늘한 바람, 겨울의 눈

정신에 쓸데없는 일이 매달려 있지 않다면

그게 바로 사람에게 좋은 때라네.

좋은 시간에 들어갈 수 있는 조건은 "쓸데없는" 것을 비워낸 정신이다. 바로 이러한 비움이 정신을 욕망에서 해방하고 시간에 깊이를 준다. 시간을 극도로 무상하게 만드는 것은 바로 욕망이다. 욕망으로 인해 정신은 가만히 있지 못하고 마구 내달리는 것이다. 정신이 가만히 서 있을 때, 정신이 자기 안에 편안히 머물러 있을 때, 좋은 시간이 생겨난다.[5]

생추어리의 말들은 왜 지붕이 없는지를 생각하지 않으면서 햇살과 바람을 맞고, 풀의 이름 따위를 고민하지 않으면서 풀을 뜯는다. 말들은 하지 않아도 되는 것은 하지 않으면서 '좋은 시간'을 보내고, 우리는 그들을 보면서 현재를 산다는 감각과 자연에서 노는 법 따위를 잊어버렸음을 깨닫는다. 한가로이 시간을 보내는 말들을 보고 있는 것만으로 우리에게도 좋은 시간이 생겨난다.

해가 지고 생추어리에 방문한 사람들이 모두 돌아간 뒤 말들도 저녁식사를 마치고 숲으로 들어갔다. 평소 같으면 김 대표는 시내로 나가 골프 레슨을 할 테지만 4월부터는 일을 쉬고 있다. 4월은 말들이 새끼를 낳는 시기이고, 생추어리에도 출산이 임박한 말이 네 마리 있었다. 언제 새끼를 낳을지 알 수 없어 레슨을 쉬고 잠도 생추어리에서 잔다.

임신한 말들은 아무도 없는 곳에서 혼자 새끼를 낳는다. 그러고는 다음 날 새끼와 함께 나타난다. 말이 새끼를 낳을 때 사람이 딱히 해줄 수 있는 건 없다. 그런데도 김 대표가 생추어리에서 새끼를 기다리는 건 새끼가 처음 태어나 사람과 익숙해지는 게 중요하기 때문이다. 김 대표는 말이 새끼를 데리고 오면 엄마 말의 오줌을 자신의 몸에 묻히고 새끼를 쓰다듬어준다. 망아지가 인간을 두려워하지 않는 걸로 사회화가 반은 끝난 셈이다. 그 시간이 얼마나 소중한지 알기에 놓치지 않으려 한다.

경주마가 경주를 못하게 되면

오후 3시, 아다지오를 보러 특별보호구역으로 갈 시간이다. 아다지오와 스노우, 애런과 캄모르, 트럼펫, 이 다섯 마리는 넓게 간격을 두고 30미터짜리 긴 밧줄에 매여 있다. 다른 말들과 달리 줄에 묶어두지 않으면 어디로 갈지, 돌아올 수 있을지 알 수 없기 때문이다. 말들은 라이그라스가 높게 자란 초원에서 하루 종일 풀을 뜯는다. 풀을 충분히 먹고 살을 찌울 수 있도록 나흘에 한 번씩 자리를 이동해 새 풀을 뜯게 해준다.

이 다섯 마리만 특별보호구역에 둔 것은 그럴 만한 이유가 있다. 다섯은 모두 '끙끙이'라 불리는 정형행동을 하는 말들이다. 끙끙이

말의 정형행동

는 나쁜 버릇을 뜻하는 악벽 중 하나인데, 철제 난간이나 플라스틱 물통을 종일 앞니로 잡아당긴다. 이때 위장 안으로 공기가 들어왔다 나가기 때문에 복통을 앓기도 하고, 이빨이 닳거나 부러져 잇몸만 남기도 한다. 그럼에도 말들은 꿍꿍이를 멈출 줄 모른다. 한 번 버릇이 생기면 없애기가 힘든 데다 다른 말들까지 따라 하게 된다.

물체를 잡아당기는 꿍꿍이나 다리를 넓게 벌리고 곰처럼 어깨를 좌우로 흔드는 웅벽, 뒷발로 차는 축벽이나 사람을 무는 교벽 등 증상은 말마다 다르다. 정형행동은 환경이 바뀌거나 마방에 갇혀 있을 때 생기는 스트레스 때문일 수도 있고 운동이 부족하거나 지루해서 하는 행동일 수도 있으며 잊지 못할 고통이 원인일 수도 있다. 공통점이라면 말의 본성대로 살지 못하기 때문에, 자유롭게 살지 못하기 때문에 발생하는 경우가 대부분이라는 것이다. 사람에게 버림받고 학대를 당한 기억을 갖고 있는 다섯 마리는 종일 쉬지 않고 뭔가를 잡아당기느라 좀처럼 살이 찌지 않는다. 김 대표는 꿍꿍이

퇴역 경주마 트럼펫

를 하는 말들을 위해 생추어리 근처, 라이그라스가 자라는 목초지를 빌렸다. 이곳에는 이빨로 잡아당길 만한 쇠와 플라스틱이 없고 1년 내내 자라는 풀이 가득했다. 살이 찌지 않는 말들은 끙끙이 대신 풀을 뜯으며 살을 찌웠다.

그러나 트럼펫은 끙끙이를 할 수 없게 되자 다른 정형행동을 시작했다. 가만히 선 채로 길고 가느다란 목을 천천히 좌우로 쉬지 않고 흔들었다. 정형행동은 멈추지 않았지만 다행히 주변의 풀은 모두 먹어 치웠고, 갈비뼈가 드러나지 않을 정도로 살이 쪘다.

올해 일곱 살이 된 트럼펫은 퇴역한 경주마다. 세 살 때부터 경주마로 뛰었고 최고 상금 1억 4000만 원을 벌었다. 다섯 살이 되어 퇴역한 뒤로 트럼펫은 끙끙이 버릇이 생겼다. 마주는 악벽이 있는 퇴역 경주마를 더 데리고 있으려고 하지 않았다. 퇴역 1년 만에 살던 곳을 떠나 이곳 생추어리로 왔다. 트럼펫은 이곳에서 잘 적응하지 못했고, 서열이 높은 말들에게 목을 물렸다. 어쩔 수 없이 무리에서 떨어져 울타리 안에서 지내게 되었고 다시 울타리 난간을 당기기 시작했다.

애런도 경주마였다. 퇴역한 뒤 애런은 승마장으로 보내졌다. 예민하고 까다로운 성격의 애런을 사람들은 불편해했다. 고객이 불편해하는 말은 승마장에서 필요로 하지 않은 말들이고, 쓸모가 없는 말들은 마방에 갇혀야 했다. 김 대표가 애런을 보러 갔을 때, 마방에는 애런의 발목까지 똥이 차 있었다. 김 대표는 곧바로 애런을 생추어리로 데려왔다. 애런은 올해 네 살, 경주마들은 대부분 다섯 살

정형행동 때문에 특별보호구역에서 살아가는 애런

이 넘지 않은 어린 말들이다.

캄모르도 경주마였다. '가장 빠른 말'이 되라고 전설의 말과 같은 이름을 붙여줬지만, 이름과 달리 경주만 나가면 꼴찌였다. 빨리 달리지 않는 말은 순한 말이라고 김 대표는 생각하지만, 마주에게 꼴찌는 퇴역마가 될 뿐이다.

퇴역 경주마 스노우는 마주에게 상금 1억 6900만 원을 안겨준 말이었다. 앞다리 파행으로 걸음걸이에 이상이 생겼고 경주에 출전할 수 없게 되었다. 파행은 경주마들에게 흔한 증상이라서 치료를 받으면 회복할 수 있다. 치료비 2000만 원이라는 말에 마주는 치료를 포기했고, 도축장에 보내겠다는 스노우를 김 대표가 데려왔다. 1년 만에 스노우의 파행은 회복되었지만 끙끙이하는 버릇은 좀처럼 나아지지 않는다.

애런이 어떻게 여기에 왔는지 아냐고 처음 물었을 때 김 대표는 곧바로 "그럼요."라고 하며 애런부터 다른 말들이 생추어리에 오게 된 이야기를 들려줬다. 김 대표는 생추어리에 오는 말들이 늘어날수록 말들의 '복지'에 대해 더 생각하게 된다며 말을 끊지 못했다.

"생추어리에 온 말들 평균 나이가 다섯 살이에요. 퇴역하는 나이가 다섯 살이거든요. 처음에는 저도 나이든 말들이 여기서 살다가 편하게 눈감으면 좋겠다고 생각했는데 도축 직전의 퇴역마들이 많이 오니까 다들 어려요. 외국은 열 살이 넘어 퇴역해요. 한국은 말들이 어릴 때, 최고로 빨리 달릴 수 있을 때 경주를 시키고, 빨리 달릴 수 없거나 다치면 그냥 버리

는 거예요. 외국에서는 말이 경기에서 우승하면 그다음 주는 쉬어요. 한국은 연승이 목표죠. 7연승까지도 하는데 그럼 편자를 아무리 끼워도 발이 남아나지 않아요.

마사회 연간 매출이 7조6래요. 외국 마사회는 경주할 때마다 우승상금의 3퍼센트를 퇴역 경주마를 위한 복지금으로 적립하거든요. 한국은 그렇지 않죠. 1년에 1400마리가 퇴역을 한다는데, 퇴역 이후의 삶은 자료가 전혀 없어요. 이제 알겠어요. 퇴역하면 승마장에 헐값에 팔리는 경우도 있지만 대부분 불법 도축장으로 끌려가서 말뼈 엑기스가 되거나 개 간식으로 만들어지거나 그냥 살처분되는 경우도 있고요. 사연 없는 말들이 없어요."

아다지오도 경주마였다. 일곱 살에 퇴역한 뒤 정말 운 좋게 개인에게 입양이 되었다. 아다지오를 입양한 사람은 말이 좋아 조련사가 되는 게 꿈이었다. 제주도로 이주를 했고 아다지오도 데려올 예정이었다. 말들의 삶은 마주의 성향과 그때그때 달라지는 기분 그리고 예기치 못한 상황에도 좌우된다. 마주는 생각지도 못한 전세 사기에 어쩔 수 없이 아다지오를 승마장에 위탁했다. 마주는 아다지오의 사진을 보내달라고 부탁했지만, 사진을 받은 건 6개월이 지나서였다. 사진 속 아다지오는 알아볼 수 없을 정도로 말라 있었고 옆구리는 박차상(말을 탈 때 톱니바퀴 모양의 쇠로 말의 옆구리를 자극해 신호를 주는 승마 도구인 박차로 생긴 상처)과 안상(안장에 마찰되어 생긴 상처)으로 피부가 모두 벗겨져 있었다.

아침에 찬 안장은 자기 직전에나 풀 수 있었다. 안장을 차고 있는 동안에는 사람들이 계속 말을 탔고, 사람 뜻대로 되지 않으면 채찍질과 박차로 말을 때렸다. 박차상과 안상은 그렇게 생긴 상처였다. 아다지오는 종일 사람을 태우고도 밥을 먹지 못했다. 승마장 관리사와 코치는 사이가 좋지 않았는데, 관리사가 퇴근하고 나면 늦게까지 사람을 태우느라 마방에 들어오지 못한 말들은 밥을 먹지 못했다. 코치가 줄 수도 있지만, 그렇게 하지 않았다. 사료를 주는 건 관리사의 업무라는 이유였다. 관리사와 코치의 싸움으로 굶는 건 말들이었다.

말을 관리하는 사람의 노동 조건에 따라서도 말들의 삶은 크게 달라진다. 아다지오의 사진을 본 마주는 곧바로 아다지오를 생추어리로 데려왔다. 그리고 아다지오의 사진과 이야기를 자신의 SNS에 올렸다. 아다지오의 이야기를 접한 가족이 생추어리를 찾아왔고, 아다지오에게는 새로운 가족이 생겼다. 학대당한 말이 개인에게 입양되는 건 아주 드문 일인데, 아다지오 덕분에 김 대표는 생각이 많이 달라졌다고 한다.

"한 가족이 아다지오를 입양했는데, 좋은 가족을 만났으니까 행복한 거지. 원래도 아다지오는 정말 사랑받던 말이었잖아요. 그러니까 여기에 와서도 끙끙이를 하면서 종일 사람만 기다리는 거예요. 지금은 가족이 매일 와요. 와서 산책하고 쓰다듬어주고. 말들이 여기서 야생마로 사는 게 목표라고 했는데 가족을 만났으면 하는 마음도 있어요. 말들을 만나

정형행동을 하는 말들은 들판에서 풀을 뜯으며 살을 찌운다.

면서 인간의 입장에서 동물을 대하는 것에 대해 많이 생각하게 돼요."

정형행동을 하는 다섯 마리는 모두 마방에 갇혀 살던 말이었다. 말은 넓은 곳을 걷고 달리는 동물로 하루에 100킬로미터 이상 갈 수 있다. 그러나 경주마에게 주어진 공간은 말을 위한 공간이 아니다. 말들이 달리는 운동장과 잠을 자는 마방 모두 운영비와 편리만이 기준이 된다. 자유롭게 뛸 수 없는 작은 공간, 뛰고 싶지 않을 때 뛰어야 하는 공간, 누울 수조차 없는 좁은 공간이 말들에게는 스트레스이다. 눈에 씌운 눈가리개와 입에 물린 재갈, 고개를 숙이지 못하도록 묶은 고삐, 마구라 부르는 장비들은 모두 통제를 위한 것이고 통제는 완력으로 이루어진다. 환경이 좋은 경우, 그러니까 최고급 건초를 먹고 넓은 마방에서 지내더라도 달려야 할 때 혹은 기수가 필요로 할 때를 제외하고는 종일 마방에 갇혀 있어야 한다. 입에는 재갈을 물고 눈을 가린 채로, 종종 기저귀를 차기도 하면서. 그렇게 갇혀 사는 말들은 쇠붙이를 잡아당기고, 고개를 쉬지 않고 흔들고, 사람에게 발길질한다.

정형행동은 한번 생기면 잘 없어지지 않는다는데, 특별보호구역에 온 다섯 마리는 풀을 뜯느라 잠시 정형행동을 잊은 듯했다. 초록의 풀이 들판에 가득하다. 촘촘하게 난 풀들이 바람에 일렁이고 말의 길고 보드라운 털도 바람이 부는 방향으로 따라다닌다. 풀을 뜯다 말고 두 앞발을 자꾸 들어올린다.

이튿날, 바람이 셌다. 바람을 맞아 말의 털 한 올 한 올이 부르르 날리고 파르르 떨렸다. 바람이 해주는 빗질에 갈기와 꼬리털이 가지런해졌다. 땅에 닿을 듯 긴 꼬리털이 바람에 살랑거렸다. 길게 늘어뜨린 꼬리에는 초록색 이파리들과 작은 나뭇가지와 더 작은 무당벌레가 장신구처럼 달라붙었다. 바람이 거세지자 루나와 루티의 하얀색 갈기가 풀썩거리고 금빛 섞인 꼬리털이 제멋대로 나부꼈다. 둘은 넘어지지 않으려고 네 다리를 양옆으로 점프하듯 살짝 벌리더니 균형을 잡는다. 임신한 루나와 루티는 뛰는 게 힘들 정도로 배가 불룩했고 불룩한 배가 가끔 꿈틀거리며 움직였다.

항상 붙어 다니는 루나와 루티는 불법 도축 현장에서 구조된 말이다. 사실 둘은 동석이 덕분에 구조됐다. 동석이는 유명 관광지 근처에 버려진 개였다. 며칠을 굶었을지 모를 개를 누군가 발견했고, 개에게 밥을 주러 근처를 매일 오갔다. 그러다 2022년 12월 그곳에서 말을 불법으로 도축하고 있다는 것을 알게 되었다. 구조자는 자신이 속한 동물단체에 연락했고, 동물단체는 김 대표와 함께 현장을 찾았다.

얼룩말이었을 동물의 가죽과 내장이 흙바닥에 널브러져 있었다. 경운기 짐칸에는 플라스틱 바구니와 비닐 자루가 있었고 그 안에는 말의 뼈와 살이 분류되어 담겨 있었다. 경운기 옆에는 임신한 말 두 마리가 올가미에 목이 묶여 있었다. 임신한 두 마리도 순서를 기

출산을 위해 숨어 있는 루나와 루티

다리며, 다른 말이 도축당하는 걸 봐야 했던 게 분명했다. 지자체와 파출소에 불법 도축을 신고한 뒤 김 대표는 두 마리를 생추어리로 데려왔다. 다른 말이 도축되는 걸 보고 공포에 질린 말들을 어렵게 컨테이너에 태웠다. 생추어리에 도착한 뒤 두 마리는 안심했는지 곧바로 흙바닥에 몸을 뒹굴어가며 휴식을 취했다.

불법 도축을 하는 이유는 뻔하다. 합법적으로는 도축을 할 수 없기 때문이다. 병이 들어 죽어가는 말들, 고기로 유통되어서는 안 되는 말들의 뼈와 내장을 누군가 팔고, 누군가 산다. 1년 동안 퇴역하는 경주마는 평균 1400마리. 그중 승마, 번식 등 목적이 바뀌어 신고하는 경우는 절반도 되지 않고 그마저도 허위인 경우가 많다. 퇴역한 뒤 말들이 사실상 어디로 가는지, 어떻게 사는지 전혀 알 수 없다. 한국마사회는 말의 등록 정보, 혈통과 우승 이력, 잘 달리는 말의 유전자 정보까지 가지고 있지만, 퇴역한 말들에 대한 정보는 거의 없다.

"아마 대부분 도축된다고 봐야겠죠."라며 얼굴을 굳히던 김 대표의 말이 맞다. 그때 떠돌이 개 동석이를 돌봐주던 사람이 없었다면 루나와 루티는 어떻게 되었을까. 루나와 루티, 동석이는 운이 좋아 도축되지 않고 생추어리로 왔지만 여전히 퇴역한 말들은 축산물 공판장에서 합법적으로 혹은 길바닥에서 불법으로 도축되어 생을 마감한다. 구조 이야기를 듣고 제주 바람에 멋지게 갈기를 휘날리는 루나와 루티를 다시 바라본다. 평생 경주마로 달리다가 쓸모를 다하면, 화장품이 되고 사료가 되라고 '말은 나면 제주로 보내라.'는

▲ 루나와 그의 새끼 루체

▼ 루티(흰말)와 그의 새끼 로미

말이 생긴 건 아닐 것이다.

태풍이 아닌가 싶을 만큼 바람이 거세졌다. 강풍주의보가 내려졌고 저녁에는 호우주의보까지 발령됐다. 결국 생추어리 오후 일정이 모두 취소되었다. 비바람은 다음 날 아침까지 계속되었다. 눈뜨자마자 생추어리로 가보았다. 길에는 커다란 나무가 쓰러져 있었고, 돌담이 무너져 있었다. 생추어리 입구의 펜스도 떨어져 나갔다. 온갖 살림살이들이 바닥에 나뒹굴었고 김 대표는 난처해했다. 비가 좀 잦아들어야 펜스도 고치고 말들 밥도 줄 수 있을 것 같다며 그때 다시 오는 게 좋겠다고 했다. 항상 입구에 있던 말들은 보이지 않았다.

우리가 도울 수 있는 일은 없었다. 숙소로 돌아가려다 문득 오전 7~9시 사이에 도축장으로 들어가는 차량이 많다고 들었던 게 생각났다. 제주에서 가장 큰 도축장은 생추어리에서 멀지 않은 곳에 있다. 선영은 생추어리와 유명 승마장, 그리고 도축장이 이렇게 가까이 있는 게 이상하다고 했다. 생추어리에서 1~2킬로미터만 가면 경마장이 있고, 또 생추어리에서 1~2킬로미터 떨어진 '축산물 공판장'에서는 하루에 네다섯 마리의 말이 도축된다. 생추어리와 경마장, 도축장이 이렇게 가까이 있는 게 참 아이러니하다 싶다가, 어쩌면 또 자연스러운 일인가 싶었다. 말들이 태어나고 죽는 것은 모두 인간에 의한, 인간을 위한 것이기 때문이다. 사람들이 말을 타면서 즐기고, 먹으면서 즐기는 공간이 가까이 있다는 건 그다지 어색하지 않은 풍경이다. 양떼 목장에서 양들을 대상으로 온갖 체험을 하고 나와 양고기를 먹는 풍경, 고래 축제가 열리는 행사장 바로 옆에는 고래고기를 파는 식당들이 즐비한 풍경처럼 말이다. 인간이 쉽고 편리하게 이동하기도 하지만, 동물을 경험하는 방식(신나게 체험하고 고기를 먹는 것으로 마무리되는)을 생각하면 더욱 그렇다. 그렇게 체험되고 소비되는 곳 주변에 구조의 공간이 있다는 게 아이러니하면서도 현실적으로 느껴졌다.

축산물 공판장은 선영이 지난해 방문했던 곳이기도 하다. 안으로 들어갈 수는 없었지만 건물 바깥에서도 말들의 죽음을 모를 수가 없다고, 말이 들어가면 10분 뒤에 비명소리가 들린다고 힘겹게 말했다. 선영의 말대로 공판장은 아주 넓었고, 건물을 둘러싼 벽은 높았다. 공판장 입구에 차를 세웠다. 입구에는 '생축차량외 통행금지' 안내판이 세워져 있고 대인방역기라고 쓰인 가건물이 보였다. '미등록차량 진입금지' 안내와 함께 차단기가 있어서 등록되지 않은 차량은 진입할 수 없었다.

강풍에 호우주의보까지 내렸던 터라 도축장으로 들어가는 차량이 많지 않을 수도 있겠다 싶었는데 예상은 완전히 틀렸다. 많을 때는 3~4분 만에 한 대씩 도축장 안으로 차들이 들어갔다. 짐칸에는 돼지들과 소들이 있었다. 돼지들을 태운 차량이 여섯 대 정도 들어가면, 소 한두 마리를 실은 작은 용달차가 건물로 들어갔다.

입구에서 잠시 차를 세우고 운전자가 대인방역기로 들어갔다 나온다. 1분도 채 되지 않는 그 짧은 시간에 돼지들은 차창 바깥으로 코를 내밀고 킁킁거렸다. 어떤 돼지는 앞발로 창을 딛고 상체를 일으켜 세워 얼굴을 완전히 내밀고는 바깥 냄새를 맡았다. 차가 움직이자 창에 올린 두 다리가 바닥으로 떨어졌다. 차가 흔들리면서 돼지의 귀가 위아래로 펄럭거렸다.

용달차에 혼자 혹은 둘이 서 있는 소들은 움직임이 거의 없었다. 철창 안으로 떨어지는 빗물에 눈을 깜빡이지도 코를 실룩거리지도 않았다. 초점 없이 시선을 한곳에 둔 채 서 있기만 했다. 모든 걸 체념한 얼굴이라고 설명할 수밖에 없을 것 같은 모습으로 차가 멈춘 1분 동안 가만히 있었다. 차가 시동을 걸고 속도를 내자 몸이 앞으로 미끄러졌다. 모두 갈색 소였고 이제 막 나기 시작한 듯 뿔이 짧았다. 곧 돼지 비명이 들렸다. 살아 있는 돼지가 토해내는 비명은 거친 비와 바람에도 묻히지 않고 귀에 내리꽂혔다.

안으로 들어간 차들은 30분쯤 뒤에 빈 짐칸을 덜컹거리며 밖으로

한라마 두 마리를 실은 트럭이 도축장으로 들어가고 있다.

나왔다. 도축장 입구에 서 있던 두 시간 동안 정말 많은 차가 들어가고 나왔다. 입구 앞에서 줄을 서고 들어갈 차례를 기다리기도 했다. 9시쯤 되자 도축장으로 오는 차들이 줄어들었다. 때마침 빗줄기도 잦아들어 시야가 조금 환해졌다. 오늘은 도축장으로 오는 말이 없나 보다 얘기하기 무섭게 말을 실은 용달차가 보였다. 한라마 두 마리가, 아까 보았던 소와 똑같은 표정으로 꼼짝하지 않고 서 있었다. 선영이 1년 전에 들었다던 말의 비명소리는 이번에는 들리지 않았다.

축산 대동물의 죽음

제주에서 가장 크다는 축산물 공판장 안에는 도살장과 육가공 공장, 동물사료 제조공장과 식육점까지 한곳에 모여 있었다. 다른 곳은 출입이 어렵지만 식육점, 그러니까 포장된 고기를 파는 곳은 방문이 가능했다. 식육점으로 가보았다.

식육점에는 오늘 도축한 '고기'들이 냉장고에 진열되어 있었다. 혹시 '말고기'는 없냐고 묻자 점원은 없다고 답했다. 언제 들어오느냐고 묻자 말고기는 안 판다고 했다. 오늘은 없다는 건지, 아예 판매하지 않는다는 건지, 아니면 말은 도축하는 고기가 아니라는 건지 점원의 말이 어딘가 모호했다. 그렇다면 조금 전 도축장 안으로 들어간 말은 어디로 가는 것인지 더 자세히 묻고 싶었지만, 경계심이 느껴져 더 묻지 않았다.

말을 도축하는 건 어쨌든 합법이다. 제주도는 말고기 육성을 위해 2020년 '퇴역마 펫사료 제품개발 연구용역'을 의뢰했고, 예산 문제로 지금은 무산됐지만 퇴역마를 이용해 사료 공장을 건립하겠다는 계획도 세웠다. 한국마사회는 퇴역마 도축이 사회적으로 논란이 되자 퇴역마를 위한 대책을 마련하겠다고 했지만, 한국마사회 산하의 말산업연구소는 말을 이용해 식육, 약재, 향장품 등을 개발하고 있으며, 농림축산식품부 후원을 받아 '말산업 창업경진대회'까지 개최했다. 지도에 '말고기'를 검색하니 제주에 있는 식당 열여덟 곳에서 육회와 말국, 햄버거 등 다양하게 판매하고 있었다. 도축장 앞에서 본 한라마 두 마리도 회나 국, 햄버거, 혹은 화장품이나 샴푸, 어쩌면 개의 간식이 되었을 것이다. 2022년 한 해 동안 합법적으로 도축된 말만 1501마리다.[7] 지도에는 검색되지 않지만, '말고기'나 '말뼈 엑기스'를 파는 곳은 더 있을 것이다.

한라마는 제주도 재래종인 제주마와 해외에서 온 경주마인 서러브레드종Thoroubred의 교잡으로 태어난 혼종이다. 농사에 쓰이던 제주마가 1980년대 들어서면서 쓰임이 줄어들었고, 정부는 개체수를 확대하기 위해 제주마를 천연기념물로 지정하고 경마용 제주마를 보급하는 정책을 시행했다. 제주마는 평균 체고가 116센티미터 정도로 작아, 서러브레드와 교잡하여 한라마라는 덩치가 크고 빠른 경마용 말을 만들었다. 제주마 육성을 이유로 생겨난 한라마는 목적대로 경주마로 활약했지만, 30년 만에 경주마에서 제외되었다. 이번엔 '순수 혈통 제주마'를 보존한다는 이유였다. 2005년 '경주마 중장기 계획' 이후 단계적으로 한라마들의 경주를 줄여왔고 2020년부터는 제주마만 경주에 참여할 수 있게 됐다.[8] 경주를 위해 만들어진 말이 경주를 뛸 수 없게 되면 그 말들은 어떻게 될까? 한국마사회는 한라마의 지구력을 자랑하며 승용마로 활용하겠다는 계획을 밝혔지만, 승용마로 키우려면 3년 이상 '순치', 즉 길들여야 한다. '한라마 생산자'들은 한라마를 비육마肥肉馬로도 키울 수 없다고 말한다. 고기 1킬로그램당 가격이 1만 3000원에서 2500원까지 떨어져 한라마를 키우는 비용이 더 크다는 게 이유다. 승용마도 비육마도 될 수 없는 경주마에게 남은 운명은 도축뿐이다.

비육마, 그러니까 식용마가 된다는 것은 작은 마방에 혼자 지내며 건초가 아니라 곡물을 먹으면서 살을 찌워 '품질 좋은 고기'가 된다는 뜻이다. 비육마가 되지 못하는 한라마는 도축될 수밖에 없다고 했지만, 비육마가 되어도 시기가 늦춰질 뿐 도축되기는 마찬가지다. 2023년 경기도 축산진흥센터[9]에 따르면 전문 비육품종 개발에 '성공'했으며 "연구를 통해 비육품종 말의 경제적 가치 및 식육으로의 활용도가 높다는 것이 파악"돼 말고기 시장이 활성화될 거라 했다. 30년 가까이 경주마였던 한라마가 퇴출되면서 마사회는 한라마 생산자협회의 생존권을 위해 한라마의 활용도를 다양하게 연구하며 '상생 방안'을 찾고 있지만, 그 연구에는 한라마의 생존이나 복지 따위는 없다. 필요에 의해 한라마를 만든 제주시와 한라마 경주로 수익을 낸 마사회, 한라마를 키운 생산자협회가 한라마의 이용 가치만 계산하는 사이에 다섯 살이 채 안 된 말들은 창고에서,

인적 드문 길거리에서 마구 죽어간다. 도축 직전에 구조되어 생추어리에 살고 있는 말들은, 그래서 거의 한라마이다.

한라마와 사정이 비슷한 말들이 또 있다. 생추어리에 사는 아서는 제주마도 한라마도 아니고, 경주마도 승용마도 아니다. 콜드블러드종인 아서는 핫블러드종인 서러브레드 경주마와 비교해 몸집이 훨씬 크다. 몸이 크고 힘이 세며 성격이 차분하고 인내심이 강해 오래전부터 짐이나 마차를 끄는 일을 하던 콜드블러드종 말이 지금은 비육마가 되었다. 2015년 농림축산식품부가 시행한 '말산업 육성 5개년 종합대책'[10]의 하나로 제주는 예산 18억 원 넘게 들여 비육마 육성 산업 1호로 콜드블러드종을 들여왔다. 첫해에 61마리를 들여와 4년간 111마리까지 늘렸지만 고기로 판매된 비육마는 없다.

생추어리 입구에서 차를 반기는 아서

"아서는 그때 수입해온 말의 2세예요. 그런데 비육마로 데려온 말들을 한 마리도 못 판 거야. 안 팔리니까 조용히 사료로 만들어버렸어요. 아서를 아는 사람이 전화해서 아서도 펫사료로 도축한다는데 자기랑 같이 데려 오자고 해서 데리고 왔어요. 예산이 십몇 억 들어갔는데 누구도 책임지 지 않았어. 비육마 산업을 좋다 나쁘다 말하는 건 아니에요. 하지만 세금 이 들어갔는데 책임을 져야지."

김 대표가 책임지겠다고 데려온 말들은 이제껏 40마리가 넘었 다. 대부분 생추어리에 잘 적응하며 살아가지만 그렇지 않은 말도 있다. 병에 걸렸거나 심각한 정형행동으로 밥을 먹지 못해 죽는 말 들, 도축되지 않고 죽은 말들은 어떻게 될까. 그는 생추어리에서 죽 은 말들을 생추어리 땅에 묻어주었다. 당연하다고 생각한 일이 문 제가 될 줄은 몰랐다. 동물 사체를 매립하는 건 불법이었다. 물론 그 사실을 모르지는 않았다. 매립 문제로 몇 년간 제주도청과 씨름을 해왔다. 도청은 현행법상 동물의 사체는 폐기물로 분류되기 때문에 동물병원에 위탁해 의료폐기물로 처리하거나 합법적인 동물장묘업 체에서 화장하거나 그도 아니면 종량제 봉투에 담아 처리해야 한 다는 폐기물 관리법 조항만 반복했다. 그러나 김 대표가 보기에 이 조항은 "말도 안 되는" 소리였다.

"종량제 봉투에 버리라는데, 말을 봉투에 어떻게 담아요? 잘라야 되나? 그럼 종량제 봉투에 말을 잘라서 버리면 동네 사람들이 다 볼 텐데, 말도 안 돼요. 이게 문제가 된다고 해서 한림읍사무소 가서 자진신고 했어요. 말 사체 묻었다고. 그리고 포클레인으로 파서 사체를 다시 수거했어요."

그가 지적한 대로 동물, 특히 대동물을 종량제 봉투에 담아 버리는 건 불가능한 일이다. 병원에 위탁해도 사정은 비슷하고, 화장장이 생기더라도 대동물을 화장할 수 있는 시설일까 의문스럽다.

축산 대동물의 죽음은 곧 고기가 된다는 것을 뜻하는데, 고기가 되기 위해서는 살아 있는 동물을 합법적으로 도축해야 한다. 죽은 동물은 고기가 될 수 없기에 축산 동물을 키우는 농가들은 동물이 죽기 전에 도축해버린다. 도축하기 전에 죽은 말, 질병 등에 걸려 도축이 불가능한 동물이 죽으면 어떻게 하나. 김대표는 500킬로그램이 넘는 말을 도축하지 않고 '처리'할 방법은 땅에 묻거나 렌더링 rendering(가축 사체를 분쇄하거나 고온·고압으로 처리해 재활용하는 기술) 업체에 맡기는 게 일반적이라고 했다.

"말이 죽으면 그냥 묻죠. 아니면 렌더링 업체가 있어요. 도청 공무원들이 나보고 죽은 말들을 거기로 보내래요. 렌더링 업체에 보내면 기름은 공업유로 빼고 나머지는 펫사료 공장으로 보내요. 렌더링은 법령에 나와 있는 것도 아닌데."

도축은 아니지만 도축과 다를 바 없는 렌더링. 몇 년간 함께 살아온 말을 땅에 묻는 것 말고는 다른 선택지가 없었다. 동물 사체의 매립과 렌더링 모두 폐기물 관리법 조항에 포함되지 않지만 렌더링은 여러 지자체에서 '친환경 처리기술'[11]이라며 적극 활용되는 반면 매립은 불법으로 과태료 대상이 된다.

다른 존재를 마주하는 감각

비가 그친 생추어리에는 부서진 펜스를 고치러 근처 골프장 직원부터 전날 비 때문에 오지 못한 사람들이 와 있었다. 근처에 있어 자연스럽게 도움을 주고받는 사이가 된 골프장 직원이 장비를 가져와 펜스를 고치는 사이, 생추어리에 매일 오는 A는 말들에게 줄 당근을 먹기 좋게 썰어 사료와 함께 길가에 뿌려놓았다. A는 유튜브에서 처음 생추어리 소식을 접했다. 곧바로 일을 접고 제주로 왔고 생추어리 근처에 숙소를 얻어 제주에서 1년살이 중이다. 그는 매일 생추어리에 출근하듯 와서 말들의 밥을 챙겨주고 똥을 치우고 아픈 곳이 없는지 지켜보다가 해가 질 때쯤 숙소로 돌아간다고 했다.

A뿐 아니라 생추어리에 자주 오는 사람들은 하나같이 말한다. 그냥 이 모든 게 다 좋다고. 여기 앉아서 새소리 듣고 바람소리 듣고, 승마체험이나 울타리 너머가 아니라 "이렇게 가까이에서" 말을 보고, 말들이 먼저 다가와 주는 게 그저 좋다고. 생추어리에 오는 사람들은 자신에게 먼저 다가와 얼굴을 들이밀고 알은체하는 말들이 신기했고, 그런 말들이 자꾸만 생각났다. A처럼 생추어리에 한 번 다

녀간 사람들은 짧게는 며칠씩, 길게는 1년살이를 하며 말을 보러 이곳으로 온다. 사람들은 뭐가 그렇게 '좋아서' 여기에 오는 걸까.

루나와 루티, 별밤과 엔젤이 보이지 않았다. 비가 오기 시작한 전날 오후부터 잘 먹지 못했을 텐데 싶어 A가 썰어둔 당근을 상자에 담아 서열 꼴찌들을 찾아 돌아다녔다. 찾는 말들은 보이지 않고 손에 든 당근을 알아보고 다가오는 말들만 있었다. 생추어리를 한 바퀴 도는 동안 루나와 루티에게 줄 당근은 금방 없어졌다. 당근이 들어 있던 상자를 들고도 당근을 주지 않자 말들이 보이는 행동은 정말 제각각이었다. 어떤 말은 상자가 비었다는 걸 못 믿겠는지 직접 상자를 열어보기도 하고 뒤집어 떨어뜨려도 본다. 빈 상자 안으로 코를 들이밀고 한참 킁킁거리는 말이 있는가 하면, 상자 안에 남아 있는 작은 조각이라도 먹겠다고 윗입술을 오물거리는 말도 있다.

봉사자 뒤로 유기견이었던 루시와 루시의 새끼가 따라다닌다.

"상자에 아무것도 없잖아!"라고 말하는 듯한 표정으로 힐끔 쳐다보고 말기도 한다. 말들의 감정과 생각이 표정이나 음성으로, 또 몸짓으로도 숨김없이 드러난다는 걸 알게 된 건 허밍 덕분이었다.

허밍은 태어나면서부터 후구마비가 있었다. 후구마비란 척추의 손상으로 뒷다리를 잘 움직이지 못하는 것을 말한다. 잘 걷지 못하는 말은 오래 살지 못한다고, 3개월밖에 살지 못할 거라는 말을 들었다. 김 대표는 도축될지도 모를 허밍을 생추어리로 데려왔다. 허밍은 걸음이 불편해도 다른 말들을 따라 매일 숲을 걷고 오름을 오르내렸다. 마비된 하반신에 조금씩 근육이 붙기 시작했고 얼마 지나지 않아 걷고 뛸 수도 있게 되었다. 앉았다 일어나는 게 조금 힘들어 보이긴 했다. 말들은 앞다리를 쭉 뻗고 뒷다리에 힘을 주면서 엉덩이를 들어 일어나는데, 허밍은 한 번에 안 되는지 기합을 주듯 '헙' 소리를 내며 다리에 힘을 주고 몸을 일으켜 세운다. 3개월 살 거라던 허밍은 이제 딱 한 살이 되었다.

허밍의 배가 불룩해 임신한 건가 싶었는데 잘 먹어서 살이 찐 것이라 했다. 사료를 먹고 당근까지 야무지게 먹은 허밍이 곁으로 오더니 쓰다듬으라는 듯 얼굴을 내민다. 뺨과 목을 어루만지고 이마 갈기부터 빗질하듯 쓰다듬었다. 얼마나 오래 쓰다듬었는지 팔이 저렸다. 얼굴에서 손을 떼면 허밍은 아직 안 끝났다는 듯 얼굴을 다시 들이민다. 그 모습을 물끄러미 보던 갈색 말이 슬그머니 다가온다. 가까이 다가오자 허밍은 고개를 돌려 윗입술을 들어올리며 이빨을 드러낸다. 그래도 말이 걸음을 멈추지 않자, 허밍은 몸을 휙 돌려 '히이이잉' 소리를 내며 두 앞발로 말을 밀쳐낸다. 허밍이 입을 벌리고 말을 물려고 하자, 말은 그제야 뒷걸음질치며 멀찌감치 떨어졌다. 둘 사이 의사소통에 내가 끼어들 틈은 없었지만 갈색 말이 뭘 하고 싶었는지, 허밍이 무슨 말을 하려고 했는지 모를 수가 없었다.

허밍이 아까보다 더 가까이 얼굴을 가져다 댄다. 허밍과 눈이 마주쳤다. 육상 포유류 중에 말의 눈이 가장 크다고 하던데, 정말 크다. 말의 눈은 머리 양쪽에 있어 시야가 아주 넓고, 그래서 바로 코앞에 있는 것은 잘 보지 못한다. 대신 코의 후각과 수염의 촉각이 뛰어나 가까이 있는 걸 감지할 수 있다. 정말, 허밍의 수염이 내 뺨에 닿는 게 느껴졌고 허밍의 커다란 눈동자 안에 내가 보였다. 나의 눈이 허밍의 눈동자에 또렷하게 비치고, 허밍의 목을 쓰다듬을 때 천천히 규칙적으로 뛰는 맥박이 손바닥에 닿는다. 허밍과 눈을 마주치고 그의 뺨을 쓰다듬은 30분, 시간이 또 한 번 멈춘다. 이 마주침이 내가 살아온 시간, 내 소비 습관부터 오래 묵은 편견들을 무너뜨릴 거라는 걸 알았다. 이 순간, 그러니까 다른 존재와 마주하면서 내가 살던 세계가 무너지는 걸 확인하는 순간들이 좋았다. 개, 고양이와 한집에 살게 됐을 때, 도축장으로 끌려가는 소와 돼지를 봤을 때, 바퀴벌레를 보고 벌레가 아니라 작은 동물이라고 얘기하는 사람을 만났을 때 그랬다. 아마 나는 개에게 '말 육포'라 적힌 간식을 절대 주지 못할 것이며, '마유'가 들어간 화장품 광고를 볼 때마다 허밍과 마주한 순간을 떠올릴 게 분명했다.

생추어리를 오가는 사람들

말들의 휴식시간이 한순간에 깨졌다. 허밍은 사람과 시간을 보내고, 로에나는 흙바닥에 엉덩이를 대고 앉아서 졸고 있고, 또 제이시는 탱자나무 가시를 피해 나뭇잎을 뜯고 있었다. 평화롭다는 말 외에는 덧붙일 말이 없는 그런 시간이었다. 고요를 깬 건 사람이었다.

생추어리 입구에는 '출입 통제'라고 크게 적힌 현수막이 걸려 있다. 도너리오름 안식년이라 출입을 막았지만 생추어리를 지나 오름으로 들어가려는 사람들이 매일 있었다. 커다란 가방을 등에 멘 사람이었다. 두 사람은 뾰족한 등산 스틱으로 바닥을 찍으며 말들이 있는 곳으로 걸어온다. 이들은 "말 무서워!" 하며 등산 스틱으로 말의 다리를 툭툭 쳐가며 주변을 물리쳤다. 그 발걸음이 야속해 허밍을 쓰다듬던 손을 멈추고, 걸어가는 뒷모습을 흘겨봤다. 사람의 등이 다 가려질 만큼 큰 가방에는 고사리가 가득 들어 있었다. 출입 통제 중인 오름에 오른 두 사람은 등산객이 아니라 고사리를 캐러 온 주민이었다. 4월의 고사리는 1킬로그램에 8만 원이라던 말이 떠올랐다. 가방 사이로 삐져나올 정도로 욱여넣은 고사리가 몇 킬로그램이나 들어있을까? 흘겨보던 눈을 돌렸다.

생추어리에 처음 온 사람들, 말을 처음 본 사람들은 말을 무서워한다. 말이 발길질하지 않을까, 달려오다가 나를 덮치지 않을까 염려했다. 키가 크고 넓적한 얼굴을 들이미는 말을 보고 무섭다는 말이 먼저 튀어나왔다. 나도 그랬다. 가능하면 말 뒤에는 있지 않으려

고 신경을 쓰게 되고 발을 움직이는 것 같으면 내 몸도 같이 움찔했다. 말이 달리는 것을 보면서 멋있다고 말하면서도, 한편으로는 나를 못 보고 부딪힐까 봐 말과의 거리를 계산해서 움직였다. 그런 긴장과 경계는 하루 만에 풀렸다. 말들은 신나게 달리다가도 사람과 가까워지면 순식간에 고개를 돌리고 방향을 틀어 몸을 피했다. 가까이에 있는 걸 잘 못 본다고 했지만 자기를 지키는 감각이랄지 다치지 않게 할 감각은 뛰어나 보였다. 말은 겁이 많아 사람이 가까이 다가오면 깜짝 놀라 눈 흰자위만 보이며 뒤로 멀어진다. 사람이 먼저 다가가지 않고 기다리면 겁도 많고 호기심도 많은 말이 먼저 사람에게 다가온다. 사람의 냄새를 맡고 셔츠를 입에 물고 잡아당기며 관심을 끈다. 허밍과 아다지오처럼 사람을 좋아하는 말은 얼굴부터 들이밀고 호감을 표시하기도 하고, 모히칸처럼 낯선 사람과는 일정 거리를 유지하기도 한다. 사람을 대하는 방식은 말들마다 제각각이었지만 사람과 부딪치는 일은 없었고, 말 뒤에 서 있어도 이유 없이 발로 차는 일 따위는 하지 않는다.

매일 생추어리로 오는 사람들, 전날 비 때문에 오지 못한 사람들이 생추어리로 찾아왔다. 아다지오를 입양한 가족은 매일 아다지오를 보러 온다. 아다지오와 동네를 걸으며 산책을 하고, 사람을 좋아하는 아다지오가 외롭지 않도록 한참 동안 빗질도 해주고 안아주기도 하며 시간을 보내다 돌아간다.

말 생추어리는 말을 구조하고 보호하기 위해 만들어진 곳이지만, 이곳에 말들만 있는 것은 아니다. 사람에게 버려진 개 동석이와 루

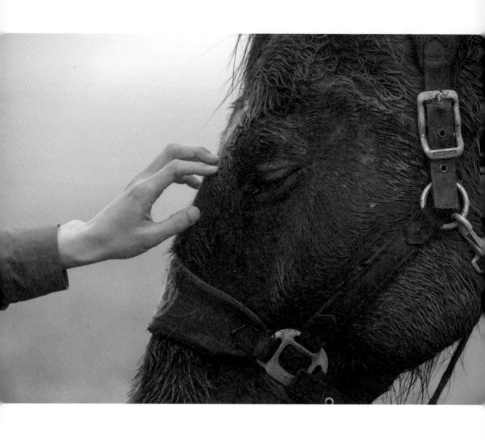

사람과 교감하는 애런. 애런의 뺨을 쓰다듬으면 눈을 지그시 감는다.
말이 숨을 내쉴 때마다 달고 싱그러운 풀 냄새가 난다.

시가 있고, 루시의 새끼들이 살고 있다. 말을 만나보고 싶어서 오는 학생들이 있고, 생추어리라는 공간이 궁금해서 찾아오는 사람들도 있다. 퇴역 경주마 까미가 드라마의 한 장면을 위해 촬영하다 목숨을 잃은 사건 이후, 퇴역 경주마의 삶에 관심을 가지며 경주마의 복지 개선에 목소리를 내기 시작했다. 퇴역한 경주마에 관심을 가진 사람들, 버려진 말들이 새로운 삶을 사는 걸 직접 보고 싶어하는 사람들이 찾아온다. 어떤 계기로 이곳에 오든 말에게 밥을 주고, 말의 똥을 치워주고, 또 말의 뺨과 목을 어루만지면서 애정을 더 느끼는 건 오히려 사람이다. '커다란 동물의 눈이 순해 보여서'인지, 그냥 말의 체온이 너무 따뜻해서인지, 아니면 곶자왈 자연이 주는 평온함 때문인지, 어쩌면 죽을 수도 있었을 생명이 살아남았다는 안도감 때문인지 알 수는 없다. 그저 말에게서 사람이 위로를 받는다는 사실이 신기할 뿐이다.

이 책에서 인터뷰한 국내 생추어리 네 곳 가운데 말 생추어리는 유일하게 동물단체가 운영하는 곳이 아니다. 김 대표는 동물단체 활동가도 아니고 동물 구조나 돌봄 경험이 특별히 있었던 것도 아니었다.(물론 생추어리가 만들어지고 알려지기까지 여러 단체들과 함께해왔고 김 대표 역시 단체들의 힘 덕분에 여기까지 올 수 있었다는 이야기를 여러 번 했다.) 경험이 있어야만 생추어리를 운영할 수 있는 것은 아니지만, 구조와 돌봄이라는 활동이 개인이 혼자 할 수 있는 일은 아니고, 또 개나 고양이와 같은 반려동물이 아닌 대동물이기에 혼자 생추어리를 운영한다는 게 놀랍기만 했다. 그런데다 다른 어떤 곳보다 말 생추어리가 사람들에게 관심을 크게 얻은 것도 놀라웠다. 제주에 말 생추어리가 생겼다는 소식이 여러 언론에 자주 나왔고 TV 다큐나 예능 프로그램에서도 자주 다뤘다. 김 대표의 말처럼 곶자왈이라는 숲의 매력이 컸을 수도 있고, '까미'의 죽음에 대한 관심이 컸을 수도 있다. 프로 골퍼라는 직업을 버리고 말 구조에 헌신하는 사람에 대한 응원일 수도 있고, 적극적으로 생추어리를 알리려고 했기 때문일 수도 있다. 어쩌면 승마 경험이 있는 사람들의 후원과 지지가 컸을 수도 있고, 말은 사람들이 소나 돼지처럼 매일같이 먹는 음식으로 인식하지 않기 때문일 수도 있다.

생추어리가 알려지고 사람들이 찾아오면서, 김 대표는 생각이 많아지는 듯했다. '동물권'이라는 말도 낯설고 또 동물운동에 대해 배워본 적도 없었다. 다만 함께 사는 말들이 늘어나고 같이 지내는 시간이 쌓이는 만큼, 그가 그리는 생추어리라는 공간은 함께 산다는 것에 대한 고민과 함께 확장하고 있었다.

앎이 곧 사랑이 되는 공간

고민과 함께 1년의 시간이 금방 지나갔다. 루나와 루티, 시안은 새끼를 낳았고 도축될 뻔했던 비육마와 당세마('태어난 해를 넘기지 못하고 죽은 한 살 미만의 암말'을 뜻하지만 연한 고기용으로 도축시키는 종류의 어린 말도 이렇게 부른다.) 몇 마리가 새로 왔다. 위탁마들은 집으로 돌아갔고 나이 많은 애런과 엔젤, 별밤과 도담이는 흙으로 돌아갔다.

1년 사이에 김 대표는 산지 훼손과 불법 매립으로 검찰에 송치되는 일도 있었다. 생추어리에 화장실로 쓸 건물을 철거하라는 명령을 받은 것 말고는 모두 무혐의 처분을 받았다. 이제껏 '말들만 생각하며 앞만 보느라' 놓친 것들이 있음을 알게 되었고, 일종의 '예방주사'를 맞았으니 그동안 놓친 것들을 채워가면 된다. 떠나는 말이 있으면 새로 오는 말이 있고, 떠나는 사람이 있으면 새롭게 만나는 사람이 있어 생추어리에는 많은 사람들이 함께하고 있으며, 여전히 40마리의 말들이 살아가고 있다.

생추어리에서 5년째 말들과 함께 살면서 어떤 생각이 많이 드는지를 묻자 김 대표는 굴레 이야기를 꺼냈다. 사람들은 일상적으로 굴레에서 벗어나고 싶다는 표현을 쓰면서 말에게 굴레를 씌우는 걸 아무렇지 않게 생각한다. 굴레가 없으면 말이 도망간다고 생각하기 때문이다. 김 대표는 특별한 경우가 아니면 굴레를 씌우지 않는다. 굴레가 없을 때 사람을 더 믿어준다는 걸 알기 때문이다. 그는 얘기하다 말고 갑자기 "잠깐만 있어 봐요."라고 하더니 길가에 있는 말의 똥을 가져와 냄새를 맡아보란다. 그를 따라 똥에 코를 가까이 대고 냄새를 맡았다. 아무 냄새가 나지 않는다고 놀라워하자 그는 고개를 끄덕였다. 그러더니 이번에는 옆에 있는 말 가까이 코를 가져다 댄다. 말에게서 나는 햇볕 냄새와 건초 냄새, 마른 흙냄새를 그는 "우리 할머니 냄새"라고 표현했다. 그는 사람들이 말에 대해 편견을

갖고 하는 말들이 속상한 듯 "사람의 기준에서 너무 다가가다 보니까……."라며 말을 이었다.

"저는 말에 대한 권위는 없습니다. 무슨 자격증도 없고 학위도 없고요. 하지만 저는 야생 숲속에서 말들과 가장 오래 산 사람으로 남고 싶어요. 사람들은 권위에 기대서 (여기서 말들을 키우는 방식이) 부정확하다, 잘못됐다 얘기하는데 우리가 해줄 수 있는 건 말들한테 가장 자연스러운 공간을 만들어주는 거고, 말들은 자기들만의 삶을 영위하는 거예요."

그는 동물을 구조하고 돌볼 때 '사람의 기준'이나 '인간 중심의 사고'를 경계하려고 하지만 그게 뭔지는 사실 정확하게 얘기하기 어렵다고 한다. 그런 판단은 매순간 필요하고 기준은 늘 모호하기 때문이다. 2024년 5월에 태어난 샤밀이도 김 대표의 기준을 바꾸게 하는 말들 중 하나였다.

샤밀이 엄마 시안이는 샤밀이를 낳자마자 무리에게 가버렸다. 샤밀이는 젖도 먹지 못한 채 엄마를 따라 산중턱까지 올라갔다가 탈수 증세를 보였다. 결국 김 대표가 시안이를 대신했다. 수의사에게 도움을 청해 수액을 맞히고 밤새 분유를 먹였다. 샤밀이는 사흘 만에 흙바닥을 뛰어다녔다. 김 대표가 말을 키우는 이유였다.

"갑자기 눈물이 나는데, 너무 감동이었어요. 샤밀이를 먹이고 재우면서 계속 눈물이 나는데 또 계속 웃음이 나. 샤밀이로 인해서 내 아픈 상처

샤밀이가 다른 말과 교감하고 있다.

가 (잊혀지고), 다른 건 다 구차한 변명밖에 안 되더라고. 샤밀이를 보면서 '그래 내가 말을 키운 이유가 이거잖아.' 싶은 거예요. 생추어리에 마방을 지어놓으려고요. 새끼 낳은 말이나 아픈 아이들을 보살펴야 되니까. 그전까지 저는 진짜 강한 개체만 사는 게 맞다, 그게 자연스럽다고 생각했는데 생각이 바뀌더라고요."

생추어리에서 말들과 보낸 5년의 시간 동안 김 대표는 보호하고 돌본다는 것은 자기 마음대로 할 수 없다는 것을 경험하는 일임을 배운 듯했다. 생추어리에서는 말들이 싫어하는 것은 하지 않는다. 이곳에서 '알말', 그러니까 안장 없이도 말을 탈 수 있는 것은 억지로 말을 타려고 하지 않기 때문이다. 이곳에 있으면 동물을 자기 마음대로 할 수 없다는 것을, 마음대로 하는 게 아니라는 것을 알게 된다.

그럼에도 그는 말이 산업동물이라는 사실을 잘 알고 있다. 도축될 말들을 매입해 데려와 풀과 사료를 먹이고 있지만 말이 반려동물이 아니라는 것을 안다고 했다. 다만 경주마와 승용마, 비육마가 아니라 '호스 테라피horse therapy'라는 새로운 역할의 산업동물이 가능하다는 걸 보여주고 싶다는 게 그의 생각이다.

"그래서 나는 동물보호단체가 아니라고 표명해요. 새로운 산업을 개발하고 이걸로 말들한테 최고의 복지를 기반으로 한 직업을 주고 싶어요. 그래야 말들도 살 수 있는 거잖아요."

김 대표가 말하는 호스 테라피는 말을 매개로 한 동물 교감치유로 기존의 말 매개 치료인 재활승마[12]와는 다른 점이 있다. 김 대표는 "말이 좋은 환경에서 풀을 뜯는 것만 봐도 사람들이 찾아온다." 고 말한다. 말 위에 올라타지 않아도, 고삐를 잡고 달리지 않아도, 말들이 초원에 누워 있거나 달리는 것을 보는 것만으로도 사람들은 자신이 자연 속에 있다는 사실에 마음이 편해지는 걸 느낀다. 가두거나 묶어두지 않아도 말이 사람 곁에 머무는 것은 가능하다. 먼저 다가와주는 말들도 있다. 말과 눈을 맞추고 팔 사이로 얼굴을 들이미는 말의 목과 등을 쓰다듬는 것만으로도, 그런 말들과 초원을 함께 걷는 것만으로도 사람들은 충분하다고 말한다. 김 대표는 곶자왈이라는 아름다운 자연과 그 속에서 무리를 지어 살아가는 말들과 시간을 보내면서 자연스럽게 말에 대한 특별한 감정이 생기고, 그런 감정이 동물과 자연에 대한 존중, 생명에 대한 사랑을 키운다고 믿는다.

"요즘 치유농업care farming(농장 및 농촌 경관을 활용해 정신적·육체적 건강을 회복하기 위해 제공되는 모든 농업활동)을 배우고 있는데, 이런 말을 알게 됐어요. 바이오필리아biophilia. '생명애'라고도 하고 '녹색갈증'으로 번역하기도 하는데, 인간에게는 자연으로 돌아가고 싶은 욕망, 녹색을 좋아하는 본능이 있대요. 말들이 그걸 보여주고 있잖아요. 작년에 제주관광공사에서 스타트업 비즈투어 프로그램을 시범적으로 했어요. 반응이 좋아서 올해 정식으로 준비하겠다고 한 거죠. 그래서 지금 '말 이용업' 등록을 하고 그런 과정들을 준비하고 있어요."

곶자왈 생추어리는 곧 이사를 앞두고 있다. 2024년 초 제주 곶자왈 보전 관리 조례[13] 개정안 상정을 앞두고 운영에 변화가 생길 수도 있었기 때문이다. 개정안이 통과되고 나면 700명이나 되는 마을 공동 소유주에게 목장 사용에 대한 동의를 다시 얻어야 할 수도 있다. 김 대표는 생추어리를 5년간 운영하면서 그동안 행정적으로 미흡했던 부분, 잘 알지 못해서 실수했던 부분들을 개선할 기회라고 생각했다.

새로운 공간은 지금의 생추어리에서 멀지 않은 곳에 있다. 근처 마을 공동 사유지였고, 마을 협의체는 김 대표의 제안을 흔쾌히 받아주었다. 김 대표는 '곶자왈 말 구조보호센터'라는 이름으로 10년간 이곳에서 운영하기로 계약했고(2024년 9월 이사 후에 공식 이름이 '제주 곶자왈 말 보호센터 마레숲'으로 변경되었다.) 산지 전용 신고 등 운영에 필요한 인허가를 모두 마친 상태다. 이사를 앞두고 김 대표는 여전히 분주하다. 그럼에도 그는 이 공간에서 벌어질 일들을 생각하면 벌써 설렌다. '제주 곶자왈 생추어리'가 사람 사는 동네가 아니라 '말들이 사는 동네'가 될 생각에. 이곳은 분명 말과 사람이 공존하는 곳이 될 것이라는 생각에.

들뜬 마음으로 새로운 공간을 소개하는 그의 말을 듣고 있으니 처음 곶자왈 생추어리로 들어가며 보았던 덤불숲의 나무와 돌들이 떠올랐다. 새롭게 시작하는 말 생추어리는 나무와 자갈이 마구 뒤

엉킨 곶자왈 숲을 닮은 듯했다. 울퉁불퉁한 자갈 위에 조심스럽게 내딛는 발걸음으로 주위를 집중하게 만드는 곳, 식생이 제각각인 나무들이 서로 뒤엉켜도 각자의 존재와 삶이 침해되지 않는 곳, 그래서 온갖 생명들이 모여드는 공존하는 숲 말이다.

알면 사랑한다는 이제는 흔해진 말이 있다. 나는 동물을 알고 싶고 동물과 친해지고 싶었다. 그 마음에 동물원에 자주 갔다. 손으로 만져보고 싶고 친해지고 싶은 마음이, 동물을 지배하고 소유하려는 욕망일 수도 있다는 사실을 동물원에 가보고서야 알았다. 동물을 알고 싶었는데 그것이 사랑은 아니었다. 알고 싶고 소유하고 싶은 내 마음 때문에 너무 많은 동물들이 갇혀 살고 또 갇혀서 죽었다.

알면 사랑한다는 말을 생추어리에 와서 다시 생각한다. 앎이 사랑이 되려면 그건 서로돌봄과 존중을 바탕으로 해야만 가능할 것 같다. 아직 완성되지 않은, 이제 막 시작한 생추어리는 서로를 알고자 하는 마음이 사랑이 되기를 바라는 공간, 인간이 인간 아닌 존재와 함께 살아가는 법을 배우는 가능성의 공간이다.

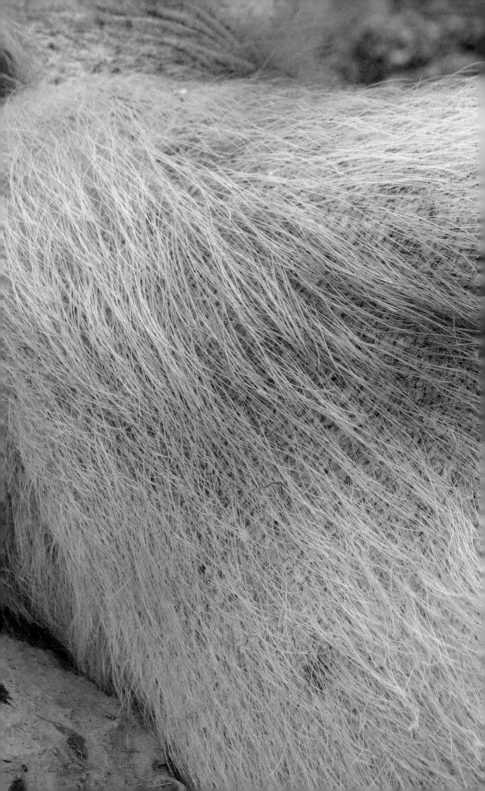

먹히지 않고
늙어가기를

새벽이생추어리

글 **김다은** | 사진 **신선영**

 구독

 ♥ 후원

 dawnsanctuarykr

돼지의 맛은 알지만, 돼지를 둘러싼 진실은 모른다

우리는 흔히 돼지에 대해 잘 알고 있다고 생각한다. 돼지 '고기'가 반찬 혹은 외식 메뉴로 사랑을 독차지하고 있다는 이유로, 혹은 각종 부위의 내밀한 맛을 갖가지 어휘로 표현할 수 있다는 이유로. 돼지는 우리에게 지나치게 친숙하다. 당연하게도 친숙하게 '느끼는 것'과 '제대로 아는 것'은 다른 문제다. 허먼 멜빌의 『모비딕』을 읽었다고 고래 전문가가 되는 것이 아니듯, 밀란 쿤데라의 『소설의 기술』을 읽는다고 소설가가 되는 것이 아니듯, 한 달에 십수 차례 식탁 위에서 돼지를 만난다 한들 돼지에 대해 잘 아는 사람이 되는 것은 아니다.

현대인에게 돼지는 '식재료'이거나 '웃음거리'로 치부된다. 코를 킁킁거리며 먹을 것을 찾는 돼지의 행동은 각종 시각문화를 통해 과장된 이미지로 소비된다. 심지어 동족들이 철판 위에서 구워지고 있는데도 웃으며 프라이팬을 들고 있는 돼지의 이미지가 고깃집 간판에서 우리를 맞이한다. 처량한 인질 혹은 무정한 공범처럼 보인다. 하지만 바로 이런 이유 때문에 돼지의 진가를 아는 사람들은 돼지의 영민함과 길들여지지 않는 개성에 더욱 애착을 느낀다.

하지만 오늘날 도시인들에게 돼지는 '비밀에 가려진 존재'에 가깝다. 우리는 돼지가 어디서, 어떻게 사는지 잘 모른다. 소를 키우는 '우사'와 달리 '돈사'는 더욱 눈에 띄지 않는 곳에 있다. 우사는 국도를 타고 가다가 도로 인근에서 볼 수 있지만 돈사는 외부인의 시선

도시와 가까웠던 경기도 어느 지역의 보금자리

에 철저히 가려져 있다. 시골에 가면 소똥 냄새가 지독하다고? '돼지 공장'에서 나는 냄새를 맡는다면 소똥 냄새에 그런 생각을 한 것이 미안해질지도 모른다. 이제는 돈사의 사육 환경도 과거보다 개선되었지만, 10여 년 전만 해도 어두컴컴한 돼지 사육장에 처음 발을 디디면 헉, 하고 숨을 쉬지 못했다는 증언들이 나온다. 물론 냄새 때문만은 아니다. 눈앞에 펼쳐진 광경의 충격도 한몫했다.

두꺼운 콘크리트 벽으로 만들어진 집단 사육시설인 돈사는 설립 조건도 우사보다 더 까다롭다. 악취와 소음 같은 '외부 불경제' 때문이다. 축산법 시행령 별표 1에는 소(한우·육우·젖소) 사육업과 돼지 사육업에 대한 허가 및 등록 요건이 나온다. 소 사육업과 달리 돼지 사육업에는 '악취 저감 장비·시설'이라는 항목이 추가되어 있다. 또 다른 흥미로운 점도 있다. 소 사육업의 경우 사육시설 면적에 따라 시설 요건이 다르다. 반면 돼지는 시설의 면적 구분이 없다. 크든 작든, 악취에 대한 대비책을 마련해야만 사육시설을 지을 수 있다. '분뇨 악취' '땅값' 등의 이유로 지역 주민과 갈등을 빚는 사례도 흔히 볼 수 있다. 축사가 있던 지방 소도시나 근교 등으로 신도시가 확장되면서 지역 민원이 급증하는 사례들도 있었다. 돼지고기를 먹는 것은 좋지만, 돼지가 사육되면서 일어나는 불편은 알고 싶지도, 가까이 하고 싶지도 않다.

돈사에서의 일은 궂고 평판도 좋지 않다. 시민사회 운동 진영 내에서 탄소중립을 위해 축산업을 폐지해야 한다는 주장이 나오지만, 일부 농촌사회학자들이 굳이 강제적 폐업 절차를 밟지 않아도 축산업이 빠른 속도로 축소될 거라고 보는 이유도 여기에 있다. 농장 주들은 대부분 고령이고, 사업을 이어갈 내국인 노동자는 매우 적다. 돈사에서 이루어지는 대부분의 노동은 이주노동자의 손을 거친다. 싸게, 많이 공급되는 '고기'로서의 돼지의 지위는 돼지 사육장 노동자의 지위도 결정한다.

물론 반대 주장도 있다. '기업화'된 돈사는 적은 인력으로도 충분히 굴러갈 수 있다는 주장이다. 돈사가 거대 농장화되면서 앞으로도 지금처럼 '비밀스럽게' 대량으로 돼지들이 '처리'될 거라는 예측도 한다. 돈사는 결코 자연 소멸되지 않을 것이고 대신 개인 농장주가 기업의 하청업체가 되면서 축산업이 더욱 기업화될 거라는 의미다.

지난 2024년 1월 18일 경북 의성군 양돈장 분만사에서 불이나 돼지 5140마리(어미 돼지 140마리, 새끼 돼지 5000여 마리)가 목숨을 잃은 일이 있다. 돼지 한 마리가 탈출하려다 열등이 넘어져 발생한 화재였다. 불이 난 건물의 사진을 보면 '축사'라기보다는 '공장'에 가까운 모습이다. 이런 대규모 건물에서 돼지가 '고기'로 무한 생산된다. 2022년 제주에서도 돼지 농장에 불이 난 적이 있었다. 당시 돼지 700마리가 폐사했는데 돈사 두 동의 규모는 890여 제곱미터(270여 평)에 이르렀다.

'공장형 돼지농장'은 전국에 퍼져 있다. 당연하다. 한국에서만 하루에 돼지 5만 마리를 도축해 취식한다. 이러한 공장형 농장들은 내부가 철저히 가려져 있어 화재든 무엇이든 사건 사고가 발생하지 않으면 드러날 일도 없다. '돼지의 생애' 혹은 '돼지를 다루는 일'이 외부로 잘 알려지지 않는 까닭이다. 물론 가장 큰 이유는 사람들이 그 사실을 알고 싶어하지 않는 데 있다.

그러니 도시인들에게 돈사에 살고 있는 돼지란 한 번도 본 적 없는 섬나라의 야생동물만큼이나 낯선 존재다. 그렇다고 '종돈'이나 '비육돈'에 대해 아는 것이 돼지에 대해 아는 것이라는 말을 하려는 것은 아니다. 이 글에서 다루려는 것은 그 반대에 서 있는 존재들이다. 인간에게 먹히지 않고 살아남은 돼지. 6개월 만에 '삼겹살'로 생을 마감하지 않고, 걷고 뛰고 아침이 열릴 때 사위로 퍼지는 푸른 하늘빛을 바라보고, 어느덧 다섯번째 사계절을 맞이하는 돼지.

한국에는 보편적으로 '야생동물'인 멧돼지와 '농장동물'인 집돼지가 산다. '고기가 연하고 맛이 좋아서' 이 둘의 교배종이 수출용으로 생산되기도 한다. 크기를 강제로 개량해 집에서 키우는 미니피그도 존재하지만 수가 많지 않으니 예외로 두자. 우리가 만날 '비인간동물'은 인간에 의해 종의 특성을 강제로 개량한 돼지들이지만, 앞서 언급한 익숙한 카테고리 밖에 있다. 정확히 말하면, '농장동물'이 될 뻔했지만 종돈장(속칭 '씨돼지' 생산 농가)에서 공개구조된 새벽이와, 의약회사에서 '실험동물'로 길러진(것으로 추정되는) 잔디다. 이들은 대한민국 최초의 생추어리, '새벽이생추어리'에서 산다.

그믐달에는 새벽이와 잔디가 산다

'그믐달'은 새벽이와 잔디의 새 보금자리 이름이다. 대지 모양이 그믐달처럼, 미소 짓는 입 모양으로 생겼다. 지난 2023년 12월, 4년여간 거주해온 수도권 내 생추어리 터와 작별하고 새벽이(2020년 5월 25일 입주)와 잔디(2021년 2월 11일 입주)는 이곳으로 이사를 왔다. 새로운 공간을 찾기까지 새벽이생추어리 활동가(새생이[1]) 구황, 무모, 영인 세 사람은 10개월 동안 땅을 찾고, 공사를 책임질 건축 디자이너를 만나고, 공간을 설계하는 데 시간을 쏟았다. 새로운 보금자리를 찾기 위해 '2023 새벽이생추어리 이사프로젝트'를 위한 후원 모금도 이루어졌다.[2] 이사를 준비한다는 소식이 전해지자 도움을 주겠다는 이들이 나타났다. 하지만 가축전염병으로부터 안전한 지역

보금자리에 걸려 있던 새벽이와 잔디의 명패

을 찾는 것부터 소재지 노출을 막기 위한 보안 수준, 보금자리 설립을 위해 검토해야 할 법적 문제 등 살펴볼 변수가 많았다. 장소를 정하는 데 속도가 붙지 않았다.

그러다 2023년 4월, 지역에 사는 지인을 통해 지금의 1940제곱미터(약 580평) 규모의 땅을 소개받았다. 농사를 짓기 위해 개간해둔 산 중턱에 있는 땅인데, 오랫동안 농사를 짓지 않아 나무가 우거져 있었다. 뉴스 등을 통해 새벽이생추어리에 대해 알고 있었던 땅 소유주는 무상으로 장기간 땅을 쓸 수 있게 해주겠다고 약속했다. 활동가들이 땅을 직접 확인한 후 마침내 본격적인 이사 준비가 시작됐다.

토지 평탄화 작업을 거치고 한창 공사가 진행 중이던 2023년 9월 16일, 서울 마포구 동교동 성미산학교에서 '새벽이생추어리 그믐달 디자인 발표회'가 열렸다. 발표회에서 생추어리 활동가들은

◀ 새로운 보금자리로 이사한 것을 환영하는 칠판
▶ 그믐달 디자인 발표회에서 공개된 새벽이생추어리 설계도

새로운 터전을 정할 때 유의한 점을 이렇게 소개했다. 첫째 아프리카돼지열병[ASF]이 발병하지 않아 거주 동물의 안전을 확보할 수 있는 곳,[3] 둘째 믿을 수 있는 이웃 공동체가 있는 곳. 이 두 가지를 주요 기준으로 삼아 활동가들의 생활권을 보장하고, 확보한 예산 안에서 설립 가능한 곳이라는 추가 조건이 붙었다.

이날 발표회에서는 "비인간동물과 인간의 대안적 관계를 제시하기 위해" 그믐달 디자인에 '퍼머컬처' 개념(33쪽 참고)을 적용한다는 설명도 이어졌다. 퍼머컬처는 자연에 가까운 방식으로 생활환경을 구성하고 자족과 자립을 추구하는 포괄적 가치 운동을 뜻하기도 한다. 발표회에서는 "퍼머컬처와 새벽이생추어리가 지향하는 가치가 서로 닮아 있기 때문"에 이런 구상을 했다는 설명도 덧붙였다.

"퍼머컬처는 인간의 욕구를 새롭게 구성하고 지속가능한 문화를 만들고자 하는 활동이에요. 그 방안으로 '의존적인 소비자'에서 '책임 있는 생산자'가 되는 '자립'을 중요시하고요. 새벽이생추어리는 모두의 해방을 위해 착취의 고리를 끊고자 합니다. 이윤을 위해 착취당하는 비인간동물과 인간의 대안적 관계를 제시하고자 하는 목표도 있고요. 둘 사이에는 기존에 당연하게 생각되었던 관념들을 전환하고자 하는 공통점이 있습니다."

이런 지향을 바탕으로 새생이들은 그믐달 입주 축하 행사에 '제사'를 함께 진행했다. 새로운 보금자리를 마련하기 위해 나무를 자르고, 기존에 살던 동식물들을 공간에서 쫓아내며 공사를 진행한 것에 대한 '애도'의 필요성 때문이었다.

누군가의 집을 짓는다는 것은 그곳에 원래 살고 있던 생명들을 몰아내야 하는 일이기도 했습니다. 축복의 뒤편에 애도가 함께 할 수 있음을 믿으며, 입주를 축하함과 동시에 생추어리 조성 당시 그곳에 먼저 살고 있던 곤충들, 개구리, 나무와 풀의 영혼을 기리기 위한 제사를 지냈습니다. 직접 만든 서리화를 땅에 꽂고 마음을 담아 사방으로 절을 올렸습니다.[4]

'그믐달' 프로젝트 첫 삽을 뜬 이후 10개월여가 지난 2024년 3월 5일 새 보금자리를 찾았다. 경칩을 알리는 가랑비가 그믐달 위로 떨어졌다. 그믐달 배수로 곳곳에 봄을 기다리며 잠든 도롱뇽 알과 개

새 보금자리에 도착한 새벽이

구리 알, 이미 알을 깨고 나온 올챙이들이 보였다. 아직은 겨우내 찬 기운을 담고 있는 빗방울이 떨어졌지만, 이제 막 알에서 깬 올챙이들은 꼬리를 세차게 흔들며 장난치기 바빴다. 새생이의 자동차가 산비탈을 올라오는 소리가 들리자 새벽이의 귀가 위아래로 펄럭였다. 몸무게가 200킬로그램 이상 되는 새벽이는 육안으로도 신체의 반응을 쉽게 알아차릴 수 있다. 자동차 소리가 더 가까워지자 새벽이는 작은 눈을 연신 깜빡였다. 탄탄한 근육으로 이루어진 코도 물결치듯 움직였다.

돼지의 코는 단순히 냄새를 맡는 용도 이상의 기능을 한다. 매우 단단해서 한겨울에 얼어붙은 땅을 파헤칠 수도 있다. 무언가를 생각하거나 탐색할 때면 미세한 코 근육이 왼쪽, 오른쪽, 위아래로 자유분방하게 움직이는 것을 볼 수 있다. 후각은 개보다 발달했다. 비

새 보금자리에서 인사를 나누는 새벽이와 잔디

진흙이 묻어 있는 새벽이의 코

교하기에 민망하지만, 인간에 비해 약 2000배 더 민감하다. 한 농장주는 돼지들이 일반 왕겨와 친환경 왕겨, 무농약 왕겨를 각각 구분한다고도 설명했다. 게다가 돼지는 '코 킁킁거림'으로 친밀감도 표현한다. 돼지들은 서로 생식기가 아닌 코와 코를 맞대고, 머리와 몸을 코로 킁킁거리며 '사회적 활동'을 한다. 상대에게 인정받기 위해, 애정과 걱정을 표현하기 위해, 혹은 자극이 부족한 실내 환경에서의 좌절을 잊기 위해서도 코로 말하고 듣는다.[5] 그래서 속칭 '동물복지 농장'에서는 복지의 일환으로 무리 지어 사육하는 '군사群飼'를 시킨다. 혼자보다 여럿이 있는 것이 돼지의 본능에 가깝기 때문이다.(결국 '고기'로 키워진다는 점에서 동물복지 농장의 '복지'는 기만이라는 주장도 있다.)

새벽이의 코는 진흙에 젖어 검게 변해 있었다. 8.8제곱미터(2.6평) 크기의 혼자 쓰는 안방 밖으로 고개를 내밀고 있던 새벽이는 차가 멈추고 사람들의 목소리가 들리자 허리춤에 덮고 있던 지푸라기를 푸드득 털며 일어섰다. 새벽이의 집은 잔디의 집이기도 하다. 나무 칸막이로 내부 공간을 분리하고 외부 공간은 펜스로 분리했다. '집'은 펜스로 분리된 각각의 마당을 향해 문이 나 있다. 잔디와 새벽이는 한집에 있지만 마주치지는 않는다. 집에서 나온 잔디는 이미 앞마당에 둘러놓은 하얀 울타리 앞에 바짝 붙어 서서 코로 울타리를 밀며 '꾸루룩 꾸루룩' 소리를 냈다.

새벽이와 잔디의 공간은 서로 마주치지 않게 분리되어 있다.

잔디의 눈, 새벽이의 꼬리

잔디의 빳빳하고 성긴 털 사이로 거칠게 갈라진 피부가 보인다. 창백할 만큼 하얗다. 하지만 연약해 보이지는 않는다. 피부는 나뭇조각의 표면처럼 거칠고 딱딱하다. 잔디의 몸은 옆에서 보면 '체크' 기호같이 허리선이 아래로 옴폭 들어가 있다. 물결처럼 이어지는 '체크' 기호의 앞쪽은 작은 귀를 지나 완만한 경사를 그리며 이마로 이어진다. 그 아래에 마치 짙은 쌍꺼풀처럼 두꺼운 눈주름이, 그리고 갈색 눈이 있다. 눈과 이마 주위에 옅은 검은색의 점박이 무늬가 있어 작은 눈을 자세히 보기란 쉽지 않다. 얼핏 살피면 결코 들여다볼 수 없는 것이 돼지의 눈동자다. 잔디가 집 안(안방) 담요에 머리를 기대고 밖을 무심히 바라볼 때면 드물게 그 눈을 볼 수 있다. 사람을 정면으로 보는 경우는 별로 없다. 잔디는 주로 저 '먼 곳'을, 노을의 너울이나 여름내 물기를 머금은 흙바닥을, 겨울깃으로 갈아입고 오동통해진 텃새들의 총총거림 같은 것을 본다. 어린 시절, 마냥 말갛던 잔디의 눈동자 안에 이제는 '네 살 된 돼지'다운 복잡한 생각이 담긴 듯 보이기도 한다.

사실 잔디는 200킬로그램이 넘는 새벽이 곁에 있어서인지 흡사 '아기 돼지'처럼 느껴진다. 그 덕에 보듬이들도 편하게 다가갈 수 있다. 크기만 보면 사람이 번쩍 안아서 들 수 있을 것 같다. 하지만 잔디의 무게는 70킬로그램이 넘는다. 잔디가 마음먹고 힘을 써서 밀거나 버티면 속수무책으로 손을 놓아야 하는 상황도 벌어진다. 돌봄하우스(생추어리 인근 땅 소유주의 휴식 공간)에 들어와 물건을 헤집는 것도, 산책을 하자며 앞장서는 것도 모두 잔디의 몫이다.

새벽이와 달리 잔디는 마당 밖 산책이 가능한 덕분에 일상적인 소소한 추억들도 많이 쌓인다. 마치 알사탕을 입안에 넣고 굴리는 듯 통통하고 단단한 볼살을 보고 있으면 어떤 감촉일까 궁금해진다. 꼬리 끝의 털은 여러 번 바늘귀에 넣으려다 실패해 풀려버린 실처럼 이리저리 뻗쳐 있다. 잔디는 꼬리를 흔들며 기쁘거나 성가시다는 감정 표현을 한다.

반면 새벽이는 '수컷 돼지'로 태어났기 때문에 어릴 때 농장에서 꼬리가 잘렸다. '단미斷尾'라고도 하는 이러한 처치는 호기심 많은 어린 돼지들이 서로 '꼬리 물기'를 하며 상처가 생기는 것을 막기 위해 마취 없이 이루어진다. 질병과 상처로부터 보호하기 위한 방책이라는 축산업계의 주장과 달리 동물운동권 내에서는 이를 '폭력'으로 규정한다. 다른 돼지의 꼬리를 물 수밖에 없는 스트레스 상황에 놓이는 것도, '고기'라는 상품이 손상될 수 있다는 이유로 (돈 안 되는) 돼지의 신체 일부를 절단하는 것도 문제라는 것이다.

새벽이는 잔디에 비해 인간을 지켜보는 경우가 많다. 펜스 너머에 서서 사람들의 움직임을 지켜본다. 호기심일지도, 상대의 행동을 이해하고 싶은 것일지도 모른다. 물론 둘 다일 가능성이 가장 높을 것이다. 새벽이는 기분이 좋으면 발을 구르며 힘차게 뛴다. 커다란 물방울 모양의 귀가 화창한 하늘 아래 널어놓은 이불처럼 기분 좋게 펄럭거린다. 귀를 덮고 있는 가늘고 하얀 털들은 바람을 어떻

새벽이의 잘린 꼬리

잔디의 산책

새벽이의 낮잠

게 느낄까. 눈꼬리가 아래로 처져 있어 가만히 무언가를 보고 있을 때면 조금은 근심스러워 보인다. 하지만 사위에 흩어진 새로운 냄새를 맡으며 신중하게 주위를 파악하거나 스스로를 건사하며 울타리 안을 느리게 산책할 때면 자신을 둘러싼 환경을 수용하는 강인한 인내심이 느껴진다.

긴 시간 무진동 차량을 타고 이동해 처음 그믐달에 도착했을 때에도, 새벽이는 두려워하지도, 피하지도 않고 트럭에서 조심스럽게 내려 앞으로 자신이 살아갈 땅 위에 발을 디뎠다. 그리고 다시 그곳에서 잔디를 만나고는 둘은 펜스를 사이에 두고 서로의 코를 맞대며 긴 안부 인사를 건넸다. 때로 혼자 서 있는 새벽이는 외로워 보인다. 인간과 함께한 5년의 시간이 새벽이의 마음 안에 어떤 흔적을 남겼을까 묻고, 또 듣고 싶어진다. 입 밖으로 나온 송곳니는 위로 솟아 있어 한쪽 입술 끝이 갈퀴에 걸린 것처럼 노출되어 있다. 사나워 보이지만 한편으로는 살아남은 시간만큼 비바람을 맞으며 단단해졌다. 그것이 곧 새벽이의 삶 그 자체라는 것을 느낀다.

새벽이와 잔디는 무엇을 먹을까

생추어리에서의 돌봄은 크게 아침 돌봄(오전 7시~10시 30분)과 낮 당직 겸 저녁 돌봄(오전 10시 30분~오후 5시 30분)으로 나뉜다. 계절과 여건에 따라 세부 시간은 유동적으로 조절되기도 한다. 돌봄은 매일

이루어진다. 하루 두 차례 돌봄 중 새생이는 대개 최소 한 명 투입되며 부족한 일손은 인근에 거주하는 보듬이들 혹은 수도권에서 돌봄과 환경 개선 작업을 함께하기 위해 방문한 보듬이들이 채운다. 보듬이의 숙련도에 따라 새생이 대신 보듬이가 혼자 돌봄을 담당하기도 한다. 우리가 방문한 날 아침 돌봄은 새생이 구황이, 낮 당직 겸 저녁 돌봄은 보듬이 갈매기가 맡았다.

오전 7시. 아침 돌봄이 시작됐다. 식재료 외에 다음의 도구가 필요하다. 버너와 주전자 각 1개, 스테인리스 대야 4개, 생수통(20리터) 1개와 물조리개(7리터) 2개, 그리고 똥을 담는 바구니와 집게. 돌봄은 역시 정감어린 일상의 물건들로 이루어지는 법이다. 순서는 다음과 같다. 지나치게 자세하다고 느껴질지 모르지만 돌봄을 함께한다는 느낌으로 읽어주시길.

아침 돌봄을 위해 생추어리에 도착한 순간부터 바쁘게 울타리를 오가는 새벽이와 잔디가 보일 것이다. 다른 동물의 등장이 반가워서일 수도 있지만 아침식사를 기대하고 있기 때문일 수도 있다. 첫 식사 준비에 당황할 필요는 없다. 전날 저녁 돌봄 담당자가 새벽이와 잔디가 먹을 다음 날 아침식사를 미리 준비해두었기 때문이다. 아침에는 보통 곡물을 위주로 먹는다. 물에 불린 현미, 보리, 서리태와 삶은 비트 등이다. 저녁에는 미니피그 채식사료를 기본으로 계절마다 조금씩 다른 채소들을 구성한다. 여름에는 오이, 겨울에는 여러 종류의 호박 등을 준다. 간식으로 참외, 수박, 토마토 같은 과일을 주기도 하지만 당이 높아 식단에 포함시키진 않는다. 보금자리

새벽이에게 약을 발라주는 새생이 무모

근처에 나는 환삼덩굴, 대나무잎 같은 풀을 따서 간식으로 주기도 한다.

한여름에는 '얼음 과일'을 특식으로 준비하기도 한다. 통과일을 커다란 얼음틀에 넣어 그대로 얼린 아이스크림인 셈이다. 무더위를 견디는 새벽이와 잔디를 위해 수박을 조각내 얼린 다음 화채처럼 주기도 했다. 생일 밥상은 조금 특별하다. 2024년 2월 4일, 잔디의 생일 식탁을 살짝 들여다보자. 으깬 고구마와 채 썬 당근, 방울토마토, 양배추 등을 곡물 식빵 위에 얹은 채소 샌드위치와, 따뜻하게 데운 시금치 수프를 차렸다. 새벽이의 생일 식탁에는 수박 한 통이 올라갔다. 2024년 설날에는 보듬이와 새생이가 직접 빚은 고기를 넣지 않은 만두를 별식으로 줬다. 새생이 무모는 3년째 돌봄을 이어오면서 현재 새벽이와 잔디의 먹거리는 안정화되었다고 말한다.

새벽이가 좋아하는 풀

"처음에는 돼지가 건강하게 살려면 무엇이 필요한지 해외 자료를 번역해가며 공부했어요. 국내 자료는 거의 다 축산업에서 만든 매뉴얼 같은 거라서 한계가 있었거든요. 잘 모르겠으면 (해외 생추어리 등에) 메일을 보내 문의하고, 직접 부딪쳐가며 배웠어요. 먹는 것, 습성, 건강관리에 대한 기본적인 것들을 잘 몰라서 시행착오가 있었어요. 예를 들어 새벽이가 도토리를 잘 먹고 좋아하는 것 같아서 간식으로 줬었는데 다른 활동가가 도토리는 독성이 있어서 먹으면 안 된다고 알려줘서 그때부터 간식으로 주지 않기 시작했어요. 대신 콩에 영양소가 많다는 걸 알게 돼서 계속 주고 있고. 지금은 어느 정도 안정이 된 것 같아요. 반려돼지용 사료 성분표를 구해서 적절한 칼로리와 영양소를 계산했고 제철 채소 등을 변형시켜가며 식단을 짰어요. 3년 넘게 반복해오면서 우리만의 노하우가 조금 쌓인 셈이죠."

새생이가 대야에 담긴 식사를 잔디와 새벽이에게 가져다준다. 울타리 안으로 들어가 집 앞에 잔디 식사를 둔다. 반면 새벽이 식사는 울타리 경계에 땅을 옴폭하게 파놓은 곳이 있어 그곳에 대야를 올려두고 먹게 한다. 울타리 안으로 들어가지는 않는다. 새벽이가 돌발 행동을 할 수도 있기 때문이다. 새벽이와 한 울타리 안에 있는 것은 오랜 시간 함께한 새생이 혹은 일부 보듬이에게만 허용된다.

돼지의 고집이란

돌발 행동이란 뭘까? 갑작스럽게 달려들거나 밀치는 행동 등이다. 특히 친밀해졌다고 생각했는데 새벽이가 돌연 경계하는 등의 행동을 해서 당황스러웠다는 활동가들의 말을 들을 수 있었다.

(새벽이가 발굽을 다쳐서 약을) 낮잠 잘 때 발랐다. 약을 바르고 새벽이 옆에 누워보기도 하고. 그래서 가까워졌다고 생각했는데 그다음에 새벽이한테 다가갔을 때 새벽이가 나를 밀쳐내더라. 가까워졌다고 생각한 건 나만의 오해였구나 생각하기도 했다.(영인)

보듬이가 되고 나서 최소 한두 달 지나 새벽이 공간에 들어갔다. 똥을 주우러 가서 울타리 없이 새벽이와 마주했는데 생각보다 괜찮았다. 그때는 새벽이의 힘을 느껴본 적이 없어서 만만하게 생각했던 것 같다. 문을 약간 헐겁게 잠갔는데 새벽이가 문밖에 자꾸 관심을 보여서 "새벽아, 이러지 마." 했더니 방해받았다고 생각했는지 새벽이가 나에게 뛰어들었다. 추리닝 바지를 물어서 살짝 찢어졌는데 그 일로 충격을 받았고 그래서 한동안 (새벽이 곁에 가는 것이) 굉장히 무서웠다.(구황)

새벽이가 좋아하는 환삼덩굴을 새벽이 보는 앞에서 뜯어서 주려고 하는데 새벽이가 먹을 걸 가져간다고 생각했는지 달려들려고 한 적이 있다. 물릴 수도 있는 상황이었기에 새생이가 상처받았던 기억이 있다.(보리)[6]

새벽이의 이런 행동은 돼지의 성격적 특성을 떠올리게 한다. 돼지는 독립적인 기질이 매우 강하다. 쉽게 길들여지지 않고 고집이 세다고도 알려져 있다.(고집이란 무엇일까?) 개나 고양이보다 지능이 높음에도 이런 '훈련되지 않는 강하고 거대한 몸' 때문에 오랫동안 '반려동물'에 속하지 않았다.

그런데 잠깐, 혹시 '개나 고양이보다 지능이 높다'는 표현이 불편하진 않은가? 동물의 지능(지각) 실험의 정확성에 대한 논쟁을 제외하더라도, 동물 지능의 높고 낮음을 구분하는 것이 권력적 위계를 담고 있다는 비판이 제기되기도 한다. 새벽이생추어리에서도 이 부분을 짚은 바 있다. 《월간 비건》 2024년 7월호에 새생이 혜리가 쓴 「돼지에게 새로운 정의를!」 글에 이러한 인식이 담겨 있다.

하지만 돼지가 가진 '긍정적인' 사실들을 부각하는 것이 또 다른 프레임으로 이어지는 것에 대해 우리는 고민이 되었다. 예를 들어 돼지가 지능이 높고 청결한 동물이라는 점. 하지만 이러한 '장점'은 인간의 기준이다. 돼지의 정의를 '더럽고 뚱뚱한 동물'에서 '지능이 높고 청결한 동물'로 바꾸는 것은 의미가 없다. 우리는 부정적인 면을 힘들게 뜯어낸 자리에 또 다른 프레임을 씌울 수는 없었다.
결국 돌봄을 하면서 느낀 것들을 생각해보게 되었다. 돼지는 어떤 욕구를 가지는가? 어떤 것을 필요로 하는가? 어떤 권리가 존중되어야 하는가? 이것에 대해 우리는 끝도 없이 말할 수 있을 것이다. 돼지는 다양한 풀을 탐색한다. 냄새로 세상을 느낀다. 진흙 목욕을 좋아한다. 지푸라기가 필요하다. 햇빛 아래서 낮잠 자는 것을 좋아한다. 오염되지 않은 물과 땅에서 살 권리가 있다. 자유를 누려야 한다. 생명으로 존중되어야 한다. 인간으로부터 착취당해서는 안 된다. 자기 자신답게 살 권리가 있다. 언제든 생추어리를 떠날 수 있는 세상에서 살아야 한다. 이 정의는 어떤 것도 될 수 있다. 더 나은 정의를 찾아갈 수 있다.

물론 지능이라는 것은 단순히 IQ만을 의미하지 않는다. 공감, 사회화, 감정 능력 모두를 상상하게 하는 지표다. 흥미롭게도 사람들은 구글에서 매달 평균 3600건씩 '가장 지적인 동물'을 검색한다. 비단 동물을 지각에 따라 서열화하기 위해서는 아닐 것이다. 그들에게 느끼는 애틋한 감정을 이해하기 위해, 인간과의 닮은 구석을 찾고 가까이 다가가고 싶어서 우리는 동물의 지능부터 누워 있는 자세의 의미까지 온갖 것에 대해 알고 싶어하기도 한다.

최근 발표된 연구에 따르면 아프리카 코끼리는 서로에게 이름을 붙이고, 서로를 이름으로 부른다고 한다.[7] 앵무새, 돌고래, 까마귀 등 소수의 동물들은 서로의 울음소리를 따라함으로써 상대를 특정해 호명하는 것으로 밝혀졌다. 하지만 아프리카 코끼리는 울음소리를 따라하는 것이 아니라 독립적으로 다른 코끼리의 이름을 생각해내고 그것을 부른다는 것이다. 이 사실은 우리에게 어떤 감흥을 일으키는가? 코끼리가 똑똑하다는 것을 넘어서는 알 수 없는 벅참이 우리 마음을 일렁이게 하지 않는지. 물론 우리는 동물의 지각 수준에 대해, 동물의 마음에 대해 여전히 불충분한 정보만을 갖고 있

을 뿐이다. 하지만 직접 동물을 대면하는 경험을 하지 못한 많은 사람들은 그들이 어떤 존재인지 느끼고 정의할 기회조차 가지지 못한다. 이들에게 과학적 사실과 정보 자체가 무용하다고 할 수는 없을 것이다. 그렇다면 사람들이 잘 모르는 것에 대해 말해보자.

돼지의 지능지수(IQ)는 75~80 정도로 개(60)보다 높을 뿐 아니라 3~4세 아이의 지능과 비슷하다. 돼지는 개처럼 물건을 가져오는 방법을 배울 수 있으며 공과 원반 같은 물체를 구별할 수도 있다. 호기심이 많고 새로운 놀이를 하는 것을 즐긴다. 한 연구에서 돼지에게 시리얼 상자, 식료품 봉지 같은 익숙한 물건과 행주, 여러 색깔의 나무젓가락 같은 새로운 물건을 보여줬다. 이 경우 새롭고 익숙하지 않은 사물을 선호했다. 오래된 장난감과 새 장난감을 가져다주면 둘의 차이를 알았다. 장기기억이 있음을 보여주는 것이기도 하다. 단순히 무언가를 '기억'할 뿐만 아니라 '중요한 것', 나아가 '좋아하는 것'을 기억한다.

시간 개념도 있다. 한 연구에 따르면 돼지를 한 상자에는 30분 동안 가두어놓고 다른 상자에는 네 시간 동안 가둔 후 이 둘 가운데 하나를 선택하게 했을 때, 돼지는 감금 시간이 짧았던 상자를 선택했다. 미래에 닥칠 일에 대한 감각을 가지고 있다는 의미이기도 하다. 기대 혹은 두려움, 불편함 등 긍정적인 경험과 부정적 경험을 구분해 예상하는 것이다.[8] 또한 유대감을 중요시해 자신의 '무리'도 정확히 인지한다. 당신이 그 '무리'에 속한다면, 돼지는 당신 주변에 있고 싶어하고, 감정을 나누고 싶어할 것이다. 어떻게 아냐고? 돼지는 행동(몸짓 언어)뿐만 아니라 다양한 톤의 음성을 통해서도 감정적 반응을 보여준다. 어미 돼지가 자신의 자녀에게 노래하는 것으로 밝혀지기도 했다. 돼지가 내는 소리를 듣고 당신의 마음속에 어떤 감정이 일어난다면 ('무서운가?' '두려운가?' '싫은가?' '즐거운가?' '기쁜가?' 등) 어느 정도 '그 감정이 맞다'고 봐도 된다.

돼지의 지능과 사회성을 보여주는 또 다른 연구 내용도 있다. 《워싱턴포스트》의 2022년 11월 10일 기사[9]에 따르면 이탈리아 토리노 대학교 연구진은 돼지 무리에서 싸움이 일어날 경우 신체 접촉 등을 통해 싸움을 중재한다는 연구 내용을 발표했다. 돼지들 사이에 싸움이 일어나고 몇 분 후 다른 돼지가 다가가 화를 풀어주려고 자신의 입으로 상대방 몸을 쓰다듬거나 귀를 문질러주는 것과 같은 접촉 행동을 한 것이다. 이는 무리 안에서 상대방의 화를 풀어주는 대표적인 방법 중 하나로 관찰된다. 연구자 중 한 명인 지아다 코르도니Giada Cordoni는 "돼지는 매우 사회적인 동물일뿐더러 무리 일원을 알아볼 수 있는 복잡하고도 높은 인지 능력을 갖추고 있다."고 하며 "돼지의 이러한 개입은 '삼원적 갈등 메커니즘Triadic Conflict Mechanism'이라고 불리는데, 이는 지금까지 사람·영장류·늑대·조류에서밖에 관찰되지 않았다."고 설명했다.

대개의 경우 충분히 시간을 함께 보내 신뢰 관계를 쌓은 상태라면 돼지는 상대를 공격해야 할 대상으로 인식하지 않는다. 다만 스트레스에 노출된 경우는 예외다. 스트레스 수준은 어떻게 알 수 있을까? 전문가들에 따르면 돼지는 신체 언어를 통해 의사소통하는 능력이 뛰어난 동물이므로 행동을 잘 관찰한다면 돼지의 상태를 미리 파악할 수 있다고 한다. 돼지는 기분이 좋으면 코로 땅을 파고 무언가를 반복해서 밀어넣는 행동을 한다. 이를 루팅^{rooting}이라고 하는데, 땅 속의 지렁이나 나무뿌리 같은 먹이를 찾거나 흙냄새를 맡기 위해, 혹은 그 밖의 다양한 이유로 흙을 헤집는다. 이는 돼지의 호기심과 즐거움을 채워주는 필수적인 행동으로 루팅을 제한할 경우 정형행동을 하거나 우울감, 좌절감 등을 느끼게 된다고도 한다. 또 기분이 좋을 때면 돼지는 귀를 쫑긋 세우거나 빠르게 달리기, 미소 짓기, 코로 살짝 찌르기 등의 행동을 보인다.

코로 쿡쿡 찌르는 행동은 공격적인 행동이 아니라 상대를 파악하거나 상대의 관심을 원할 때 하는 행동이니 겁낼 필요는 없다. 만약 스킨십을 시도했는데 돼지가 꼬리를 흔든다면 그 행동을 계속해도 좋다. 참고로 돼지는 기분이 좋을 때 사람처럼 미소를 짓는 거의 유일한 동물이다.(개가 미소 짓는다고 해석될 때도 있지만 사람들의 소망과 다르게 개는 여러 이유로 '미소 짓는 것처럼 보이는' 표정을 짓는다. 안면 근육이 이완될 만큼 편안할 때도 그렇지만, 공포 등의 스트레스를 느낄 때도 웃는 듯한 표정을 할 때가 있다.) 강력하게 애착을 느끼는 상대에게는 꼬리를 흔들며 연속해서 코를 대는 '코 뽀뽀$^{snout\ kissing}$'를 하기도 한다.[10]

새벽이생추어리 SNS를 보면 보듬이들과 새벽이가 친근하게 몸을 맞대고 있는 사진들이 많이 올라와 있다. 어깨동무를 하고 함께 먼 풍경을 바라보고 있는 모습이랄지, 여름에 진흙을 피부에 발라주고 있는 사진이랄지, 바닥에 누워 있는 새생이의 곁에 새벽이가

새생이 구황과 잔디

바짝 다가와 얼굴을 맞대고 있는 사진 등이다. 누군가 그런 사진에 "안녕, 베스트 프렌드"라는 댓글을 달아놓았다.

돼지에 대해 이해할수록 돼지에 대한 애착이 커지는 자신을 발견할 수 있을 것이다. 한 가지만 더 이야기하자면, 돼지는 약 8~11킬로미터 떨어진 곳, 지하 약 700미터까지 냄새를 맡을 수 있다고 한다. 후각이 발달했기 때문인데 그만큼 잠자는 공간과 밥을 먹는 공간을 깨끗하게 유지하려는 동물이기도 하다. 어떤 돼지들은 자신의 생활공간을 꽃과 나뭇잎 등으로 장식하는 것으로도 알려져 있다.[11] 주어지는 대로 만족하는 것이 아니라, 자신이 원하는 것을 스스로 선택해 자기 곁에 두려는 의지가 있다는 의미다.

완벽한 돌봄이 가능할까?

이야기를 하는 동안 시간이 흘렀다. 자, 이제 새벽이와 잔디가 식사를 하는 동안 마실 물을 준비하자. 날이 추워 돌봄하우스(비닐하우스처럼 생겼다.)에 있는 버너로 물을 데웠다. 그믐달에서 사용하는 식수는 매일 아침 활동가들이 숙소에서 20리터짜리 물통(일명 '약수터 물통') 두세 통을 채워 오는 것으로 사용한다. 잔디는 데운 물을 주지만, 새벽이는 찬물도 잘 먹어 그대로 준다. 하지만 이날은 날이 추워 새벽이에게 데운 물을 섞어주기로 했다. 물에는 미강(쌀겨)가루를 섞어서 준다. 새벽이에게는 한 번에 7리터 물조리개 두 통 분량을, 잔디에게는 한 통에 미치지 못하는 3분의 2 분량을 준다. 이후 산에서 내려오는 물로 설거지를 한다. 그다음엔 똥 바구니와 집게를 들고 새벽이와 잔디의 울타리 안으로 들어가 똥을 치운다. 똥은 울타리보다 낮게 파놓은 지면에 쌓아 버린다.

이제 진디 올타리를 열어 그믐달 부지 안에서 산책을 시키고(새벽이는 하지 않는다.), 빗으로 털을 빗겨주고, 새벽이에게 피부약을 발라주고, 현장 보수 등의 일을 하면 아침 돌봄이 마무리된다. 저녁 돌봄은 이보다 간단하다. 다음 날 아침식사를 준비해두고, 똥을 치우고, 잔디가 사용하는 물주머니에 따뜻한 물을 채워주고, 둘의 이부자리를 챙기는 것이 주된 일이다. 새생이들은 돌봄을 마친 후 '새생이 돌봄 일지'를 쓴다. 돌봄과 건강에 관련된 기록이다. 음식·물건 관련 항목('새로 배송 온 음식이나 동난 음식이 있나요' '망가진 물건이 있나요' '위치가 달라진 물건이나 물건에 변동이 있나요')부터 새벽이와 잔디의 행동 관련 항목('행동 중 눈에 띄는 점이 있었나요' '기분과 감정은 어때 보였나요'), 건강 상태에 관한 항목('밥은 어떻게 먹었나요' '대변 상태는 어땠나요' '눈·다리 관찰 내용' '피부·호흡·냄새·소리·귀의 상태가 평소와 다른가요' '약을 먹거나 발랐다면 여기에 기록해주세요'), 현장 개선 항목('땅이 너무 질퍽하다' '여기를 흙을 퍼내야 한다' '안방에 지푸라기가 더 필요하다'), 오늘의 느낀 점('새벽이와 잔디의 사적인 관계에 변화가 있다고 느꼈나요' '공유하고 싶은 일화가 있나요') 등을 담는다. 새생이들의 '사소해 보이지만 중요한' 고민들도 담는다. 구독자들에게 보내는 2024년 6월 뉴스레터에서는 돌봄 일지 일부를 공유했다. 새벽이와 잔디의 몸에 붙은 등에에 대한 저마다의 곤란한 마음을 담고 있었다.

새벽이와 잔디가 등에에게 물리는 게 걱정되는데, 등에도 먹고살자고 하는 일이라 점점 죽이기가 힘들어요. 내면의 갈등.(6월 14일, 영인)

등에를 계속 죽이면서 고민이 많이 들었어요. 살리기 위해 죽이는 일. 혹은 조금의 편리를 위해 죽이는 일. 그걸 저희가 반복하고 있다는 게, 사실 살아간다는 것은 어쩔 수 없이 피해를 주는 일인 것은 사실이지만, 그래도 고민하고자 하는 것은 그 피해를 최소화하고 싶은 마음에서잖아요.(6월 14일, 소망)

새벽이 몸에 붙었던 등에들을 잡아서 비닐봉지에 가둔 다음, 멀리 떨어진 곳에 방생했어요. [……] 등에가 생각보다 많아서 20명가량 포획했어요. 눈에 보이는 등에를 모두 잡은 것은 아니지만 그래도 많이 줄었어요.(6월 21일, 무모)

야외에서 이루어지는 매일의 돌봄은 '날씨'의 종속변수이기도 하다. 계절마다 그 계절의 고민이 있다. 겨울 돌봄은 동물도 인간도 추위를 견디는 게 중요한 일이다. 그런데 새벽이생추어리 현장의 부족한 자원은 돌봄활동을 더 복잡하고 힘들게 만들었다. 새 공간에는 할 일이 여전히 많았다. 가장 크게는 물과 불이 문제였다. 산과 경계가 지어진 비탈면 아래에 배수로를 만들어놓기는 했지만 주변

땅은 상당히 질퍽했다. 게다가 식재료와 물을 다루는 비닐하우스 내부도 배수가 되지 않아 땅이 젖어 있었다. 별도의 마감을 하지 않은 흙바닥이었는데 지붕이 있음에도 마치 비를 잔뜩 맞은 것 같은 상태였다. 여러 이유가 있었다. 물통의 물을 옮기면서 바닥에 물이 흐르기도 하고, 울타리 문을 열고 나온 잔디가 비닐하우스를 뒤지다 오줌을 싸는 등의 '이벤트'도 있었다.

물에 계속 노출되다 보니 장화를 신고 있어도 냉기 때문에 발이 시렸다. 사정은 새벽이도 크게 다르지 않았다. 며칠 전부터 비가 내려서 마당 한가운데 물이 고인 웅덩이가 그대로 있었다. 마당은 마른 흙이 하나도 없는 진흙 상태였는데 걸을 때마다 새벽이의 발이 푹푹 빠졌다. 이곳 역시 비닐하우스 내부처럼 '물이 빠지지 않는 땅'이었다. 문제는 겨울에 발이 잠기는 진흙을 계속 밟을 경우 체온을 빼앗긴다는 점이다. 여름에 하는 '진흙 목욕'은 땀샘이 없는 돼지의 체온을 떨어뜨리는 데 효과적이다. 몸에 들러붙은 진흙이 물보다 천천히 마르면서 증발열을 빼앗아가 체온을 떨어뜨리기 때문이다. 그래서 여름에는 활동가들이 마당을 직접 파서 진흙 욕조를 만들어 준다. 하지만 겨울에는 반대 효과가 나타난다. '진흙'은 이전 생추어리 터에서부터 이어져왔던 새생이들의 오랜 고민이다. 다음은 2023년 10월 26일 진행한 새생이와의 인터뷰 내용 중 일부다. 인터뷰에서 언급한 '땅'은 지금의 그믐달이 아닌 이전 터전을 말한다.

"처음 생추어리를 만들 때는 모든 게 너무 급했던 상황이었을 거예요. 새

벽이는 계속 자라는데 활동가 집에서 살 수는 없고 청소년기 폭풍 성장을 하는 동물에겐 시급하게 집이 필요해서 (적절한 공간을 찾는 것이) 굉장히 힘들었던 걸로 알고 있어요. 새로 땅을 찾는 과정에서는 땅을 많이 관찰했어요. 하지만 당시에는 그런 관찰 과정 없이 바로 울타리를 치고 집 짓고 해야 했으니까. 원래 논으로 쓰던 땅이어서 물이 많고 잘 안 빠졌을 거예요. [……] 겨울에 새벽이가 걸어간 자리는 푹푹 들어간 채로 땅이 얼어서 지면이 울퉁불퉁하고 뾰족했어요. 부드러운 발굽으로 그런 땅을 걸으면서 다쳤던 것 같아요. 절름거려서 왜 그러나 하고 봤더니 발굽이 갈라지고 좀 까졌더라고요. 알아보니 돼지들은 원래 부드러운 땅에서 걸어야 된다고 해요. 근본적인 원인은 땅이었지만 일단 치료를 위해 병원에서 약을 받아 새벽이가 밤에 잘 때 발라줬어요."(영인)

물이 빠지지 않는 땅

단단하게 얼어붙은 진흙 때문에 돼지의 발에 상처가 나고 발을 절 수 있다는 점은 야외 공간이 있는 농장에서도 주의하는 부분이다. 국내 한 동물복지 돼지농장의 농장주는 발에 상처가 생길 경우 세균 등에 감염될 수 있다고 우려했다. 예방접종을 잘 받은 돼지라고 해도, 토양의 보이지 않는 세균에 감염되면 해롭기 때문에 옥외 사육은 충분한 토양 검사를 거친 후에 이루어져야 한다는 것이다. 게다가 돼지가 추위와 더위 등으로 야외 공간을 불편하게 느낄 경우 의외의 문제가 발생하기도 한다. 변을 참아 변비가 생기기도 하는 것이다. 실제로 새벽이도 날씨가 너무 추워서인지 건강이 좋지 않아서인지 자신의 집 안에 배변을 한 적이 있었다. 돼지는 배변하는 공간과 쉬는 공간을 엄격히 분리하는 동물이다. '진흙'은 여전히 현재진행형인 고민거리다.

불 역시 만만찮은 문제다. 가스를 이용할 수 없었다. 물을 데우고 활동가들이 식사를 하기 위해서는 불을 이용해야 하는데 아직 이러한 필수적인 기반이 마련되어 있지 않아 수고와 피로가 컸다. 비닐하우스 내부도 매우 추웠고 전기를 쓸 수도 없었다. 산 깊은 곳이라 송전망을 구축하는 데 비용도 여건도 마땅치 않아서였다.(2024년 8월에 태양광 패널을 설치해 전기 사용이 가능해졌다.) 그 탓에 휴대용 전기충전기와 와이파이 공유기 등을 별도로 챙겨야 현장에서 인터넷 등을 이용할 수 있었다.

잔디와 새벽이의 집도 보완이 필요한 상태였다. 새벽이와 잔디는 합판으로 만든 집을 공유한다. 칸막이로 두 공간이 분리되어 있지

▲ 집 안에서 본 잔디(물 마시는 중)

▼ 진흙이 묻어 있는 잔디의 발

만 유리창을 넣어야 하는 자리가 그대로 뚫려 있었다. 며칠 전 내린 비까지 더해져 여전히 추위가 가시지 않은 이른 초봄, 새벽이의 집은 바깥 추위를 피하기 어려워 보였다. 잔디의 집에는 지푸라기 외에도 담요와 물주머니가 있었지만 새벽이의 집은 지푸라기만 있었다. 새벽이는 몸무게가 많이 나가서 물주머니를 둘 경우 터질 위험이 있고, 아침에 담요를 치워주지 않으면 새벽이가 계속 담요를 물어뜯기 때문이었다.

감기에 걸린 돼지

돼지에게 겨울은 혹독한 계절이다. 2023년 2월, 그믐달로 이사 오기 전에도 영하로 떨어진 한파를 견디던 끝에 새벽이는 며칠간 몸을 부들부들 떨며 심하게 앓았다. 덩치는 크지만 새벽이의 종으로 추정되는 라지화이트피그종은 야생동물이 아니다. 영국 요크셔종에서 유래된 라지화이트피그는 전 세계적으로 돼지 사육을 위한 교배에 일반적으로 널리 사용되는 품종이자 돼지 농장주들이 선호하는 품종이기도 하다. 인간을 위해 신체를 강제로 개량했다는 뜻이다. 돼지들이 저온을 어느 정도 견디는지에 대해서는 정확한 답을 찾기가 어렵다. 각 품종마다 특정 조건들이 적용되기 때문이다. 다만 내한성 품종이라 해도 겨울에는 편안하고 따뜻한 환경이 최적의 공간으로 꼽힌다.[12] 당시 새생이들은 감기에 걸린 새벽이의 모습을 영상과 함께 SNS에 올리며 걱정을 담은 글을 게시했다.

새벽이는 며칠 전 여느 때와 같이 아침밥을 잘 먹고, 따뜻한 물도 잘 마셨습니다. 그런데 새벽이가 평소보다 일찍 방에 들어가 누운 것을 보고, 아침 돌봄을 하던 영인 새생이가 가까이 가서 배 마사지를 하려고 했습니다. 그때 새벽이가 덜덜 떨고 있는 모습을 발견했어요. 지난 한파에도 끄떡없어 보이던 새벽이가 별로 춥지 않던 날의 아침에 덜덜 떠는 모습을 보여 크게 놀랐고, 많이 걱정되었습니다. [⋯⋯] 새 지푸라기 냄새를 맡고 일어난 새벽이가 잘 걸어다녀 안도했지만, 그 뒤 며칠 동안 간헐적으로 떠는 모습을 보일 때가 있습니다. (영상으로 찍은 새벽이의 모습을 본) 의사 선생님은 이번 겨울이 너무 추워 체력이 고갈되어 면역력이 낮아진 것 같다고 하셨습니다. 약을 처방 받아 복용하기 시작했고, 떨어진 기력을 회복하기 위해 요 며칠간은 밥을 더욱 넉넉히 주고, 깊은 밤에도 새벽이를 찾아가 이불을 덮어주고 따뜻한 물을 주고 있어요. 다행히 오늘은 떠는 모습을 보이지 않았지만 아직 미열이 있습니다.
이번을 계기로 더욱 경각심을 가져야 한다는 것을 되새깁니다. 새벽이는 몸집은 웅장할지라도 사실 인간에 의해 개변된, 취약한 몸을 가지고 태어난 동물이라는 것을 잊지 않기로 합니다. 아플 때 병원에 가는 것도, 새벽이를 위해 왕진 올 수의사를 찾는 것도, 간단한 건강검진을 위해 채혈을 하는 작업도 아직은 어렵습니다. 새벽이가 인간이었다면 그냥 병원에 다녀오면 될 일인데, 언제나 공기처럼 존재하는 일상적인 종차별의 실체를 이렇게 절절히 느끼게 되는 때가 있습니다.[13]

돼지의 체온을 유지하기 위해서는 복잡하고 섬세한 돌봄이 필요하다. 예컨대 일반 돈사에서도 외풍을 막고 온도를 유지하는 데 신경을 쓴다. 동물들은 폐렴에 쉽게 걸리기 때문이다.[14] 특히 옥외 사육 공간을 마련해둔 한 돼지농장의 농장주는 단순히 야외 공간이 순비되어 있다고 해서 동물이 만족을 느끼는 건 아니라는 점을 강조하기도 했다.

"우리 농장에서는 야외 공간과 실내 공간 사이에 스윙문이라고 하는, 일종의 들창문을 만들어뒀어요. 햇빛을 받고 싶거나 그늘에 있고 싶거나 선풍기 앞에 있고 싶거나 놀잇감을 갖고 놀고 싶거나 원하는 게 있을 때 실내든 실외든 그곳에 갈 수 있게 한 거죠. 겨울에도 따뜻한 실내 공간을 확보해두고 돼지들이 답답하면 밖에 있다가도, 추우면 들어와서 따뜻하

겨울 돌봄

게 쉴 수 있도록 했어요. 산에 사는 멧돼지들도 추울 때 쉴 수 있는 자기
만의 은신처를 만들어놓습니다. 아무리 덩치가 크고 강해 보이는 돼지
라도 본능적으로 겨울에는 따뜻한 곳을 찾아요. 감기에 걸린다는 건 단
순한 문제가 아니고 면역력이 떨어졌다는 건데, 삶의 환경을 조정해줘야
한다는 사인이에요."

새 보금자리로 이사를 마치고 두 달여가 지났지만 그믐달에는 아
직 없는 것이 많았다. 활동가들은 기존의 생활 터전을 옮기고, 새벽
이와 잔디의 적응과 돌봄을 위해 더 많은 시간을 쓰고 있었지만 반
복되고 연결되고 맞물리며 돌아가야 하는 돌봄의 특성상 빈틈은
매번 발생했다. 완벽한 돌봄이란 어쩌면 존재하지 않는 것일지도 모
른다. 사회에서 '먹는 존재'로 취급받는 돼지를 '먹이고 살리는' 일
은 하나부터 열까지 새생이들의 고민을 거치지 않고는 가능하지 않
았다. 우리 사회에 '없던 일'을 '있는 일'로 만드는 과정은 삐끗거리
고 넘어지고 그럼에도 다시 일어나는 시간들로 채워져 있었다.

돌봄하우스라는 이웃

배수와 가스, 전기만큼 중요한 이슈는 '안전'이다. 그믐달로 이사한
이후, 낮 당직 제도가 생긴 이유이기도 하다. 지금의 공간은 산 중턱
에 있다 보니 사람들에게 쉽게 노출되지 않는다. 보안상 장점이 있

물을 마시는 새벽이

다. 인근에 돼지농장이 없어 구제역, 아프리카돼지열병 확산에 대한 걱정도 적다. 반면 사람도, 다른 동물도 없는 공간은 다른 차원의 취약성이 있다. 인간·비인간 이웃과 시설 그 자체가 안전망이 되기도 하기 때문이다.

시간을 되돌려 4년여간 지내온 이전 새벽이생추어리로 돌아가보자. 당시 땅 일부를 내어준 소유주는 새벽이가 오기 전부터 자기 땅에 동물들을 구조해 보호하곤 했다. 임시 거처로 그곳에 머무는 동물들도 있었고 그곳을 터전 삼아 장기간 지내온 동물들도 있었다. 이 동물들은 생추어리 활동가들이 종종 오가는 '돌봄하우스'에 살고 있었다. 새벽이생추어리의 낮은 울타리 문을 열고 조금만 가면 비닐하우스 형태의 돌봄하우스가 있었다. 한마디로 이들은 이웃 같은 존재였다.

돌봄을 하러 오는 보듬이들에게 새생이들이 강조하는 것이 있다. 인근에 있는 돌봄하우스는 "거주 동물들이 주인인 공간이고, 사람은 손님일 뿐"이라는 점이다. 새벽이생추어리가 지어지기 전부터 닭과 여타 동물들의 살던 곳이었으니 그들에게 방해되지 않도록 주의해야 한다. 가령 돌봄활동 시 큰소리를 내거나 동물들을 밀치면 안 된다. 새벽이생추어리가 지향하는 바에 따라 그 외에도 주의해야 하는 것들이 더 있다. 동물을 보고 '귀엽다'는 표현을 쓰거나, 돌봄활동을 '봉사'로 표현하는 것들이다. 사람과 살을 부대끼려는 듯 다가오는 당나귀 '동이'를 보면 자신도 모르게 '귀여워'라는 말이 튀어나올 수 있다. 익숙한 말버릇으로 실수를 할까 긴장이 되기도 한다. 하지만 교육 효과도 있다. 동물을 대하는 익숙한 방식을 '새로고침'하는 효과다. 이런 '어쩌다 교육 효과'와 관련해서 한 가지 더 하고 싶은 이야기가 있다. 그곳의 '난잡한' 어울림이 주는, 역시나 우연한 반성이라고 해야 할까.

그곳의 다종한 동물들을 생각하면 웃음이 난다. 특히 거위에 대해서는 할 말이 많다. 하지만 거위들의 왕성한 수다와 호기심에 대해 이야기하기에 앞서, 그와 대조적으로 마치 어린아이처럼 수줍어하는 듯 보였던 당나귀 동이에 대해 먼저 이야기해야 할 것 같다.

2023년 10월, 아침 돌봄 시간에 새벽이생추어리를 방문했다. 당시 인근 돌봄하우스에는 당나귀 동이가 머물고 있었다. 언제 어떻게 갑자기 등장했는지는 모르겠다. 그곳은 그런 곳이었다. 오랜만에 가면 없던 동물이 갑자기 떡하니 비닐하우스 안에 등장하는 곳. 그래서인지 난생 처음 당나귀를 가까이에서 보았지만 새삼스럽지는 않았다. 아침식사를 준비하며 돌봄하우스를 오가는 내내 동이는 그곳이 답답한지 계속 문을 열고 나가려고 했다. 나가는 데 성공하지 못하니 그다음엔 사람 옆에 우두커니 서서 반응을 기다렸다. 뻣뻣한 갈색 털을 빗어주거나 몸을 쓰다듬으면 가만히 몸을 맡기고 큰 눈만 깜빡거렸다. 당시 동이가 어떤 마음이었는지는 알 수 없지만, 그런 스킨십을 전혀 꺼리지 않았고 기꺼이 자신의 몸을 맡겼다는 것만은 확실했다. 그렇게 사람을 친숙하게 대하는 동이의 온화한 태도는 나에게 애틋한 마음을 불러일으켰다. 더 넓은 공간에서 자유롭게 뛰어다닐 수 있게 해주고 싶다는, 새벽이생추어리를 방문한 사람이라면 누구나 가질 만한 마음이 절로 생겼다. 동이는 아주 조용했고, 많은 동물들이 그렇듯 자신에게 주어진 상황을 이해하려 하며 묵묵히 인내했다. 거기에는 처연한 기품 같은 것이 있었다.

구름이 해를 가려 사위에 볕이 퍼지지 않는 흐린 가을날 아침이었다. 이날은 새벽이가 식사를 마친 뒤 매우 기분이 좋아 보였다. 내가 똥을 치우러 울타리 안에 들어가 있는 동안, 아침 돌봄 담당자였던 새생이 영인이 울타리 밖에서 새벽이의 관심을 끌고 있었다. 새벽이는 한참 영인과 시간을 보내다 갑자기 내가 있는 방향으로 몸을 틀어 울타리 안을 달리기도 했다. 위로 곧게 선 커다란 귀가 발걸음에 맞춰 경쾌하게 펄럭거렸다. 오줌을 눌 때마저 웃고 있는 것처럼 보일 정도였다. 동이가 봤다면 매우 부러워했을 거라고, 나는 그 갈색 당나귀를 떠올리며 상쾌한 공기 속을 내달리는 새벽이의 당당한 모습을 지켜봤다.

그 시간, 잔디는 미강을 섞은 물을 먹고 있었다. 그 옆으로 인근 돌봄하우스에 살던 두세 마리의 거위가 어느새 다가왔다. 이들은 물을 마시고 있는 잔디의 코앞까지 와서(물론 잔디의 코는 물그릇 안에 있었으니 거위들은 물그릇과 잔디를 '바짝' 에워싸고 있었다고 해야겠다.) 큰 소리로 의사 표현을 하고 있었다. 잔디는 크게 신경 쓰지 않는 듯 보였지만 거위들은, 그러니까 그 광경을 직접 본다면 쉽게 눈을 뗄 수 없는 강렬한 인상이었는데, 목을 폈다 움츠렸다 하며 날개를 퍼덕거리며 큰 소리를 냈다. 흡사 누군가의 생사가 걸린 듯한 간절한 호출 같기도 했고, 발성 좋은 소프라노가 샤워를 하며 노래를 부르는 것 같기도 했다. 나는 그 광경을 약간 입을 벌리고 바라봤다. 돌봄활동을 하며 만난 거위는 내게 그야말로 '실체 있는' 두려움을 경험하게 했다. 정말로, 실제로, 거위는 부리로 나에게 통증을 줬다.

돌봄하우스 안의 수돗가를 이용하려고 하면 거위 여럿이 다가와 이 인간이 뭘 하나 지켜본다. 혼자 다니지도 않는다. 꼭 골목길에 서넛씩 무리 지어 어울리고 있다가 불쑥 다가와 말을 거는 식이다. 그러다 뭔가가 내키지 않는지 부리로 종아리를 쿡쿡 찌르면서 내 귓가에 대고 뭔가를 말하기 시작한다. 관심의 표현일까? 경계하는 걸까? 알 수 없다. 다만 큰소리에 울렁증이 있는 나로서는 상당히 진땀을 빼야 하는 상황이 된다. 부리로 장화를 찍어대면 꽤나 아팠다. 허리를 숙여 수도를 쓰면 거위 무리가 마치 깐깐한 감시관들처럼 내 옆을 빙 둘러쌌는데 나는 매우 움츠러들었다. 억울한 마음과 함께 괴팍한 마음이 든다. 거위를 향해 심술궂은 표정을 짓거나 "이것 참 너무하는군." 하며 어깨를 으쓱거리게 된다.

우습게 들릴지 모르지만 이런 과정에서 내 안의 불균등한 애정 전선 아래 무언가가 도사리고 있는 것은 아닌가 스스로 묻기도 했다. 동이는 사랑스럽지만 거위는 싫다.(심지어 거위는 여러 마리라서 그런지 이름도 기억나지 않는다. 하지만 새생이와 보듬이들은 몇몇의 이름을 부르고 이들을 구분할 수 있었다.) 좋고 싫음의 이유는 단순했다. 동이는 온순했고 거위는 거칠었다. 동이는 우리에게 익숙한 포유류지만 거위는 그보다 조금 더 먼 조류다. 나는 대학 때 야생조류동아리에서 활동하기도 했으며 새들을 좋아한다고 자부해왔다. 하지만 이렇게 부리로 나를 찍어대는 새는 싫다. 알고 보니 나는 보송한 털을 부리로 닦아내는 홍제천의 청둥오리나 기품 있게 머리깃을 날리는 해오라기, 유유히 한강에 떠 있는 댕기흰죽지, 깡충깡충 덤불을 날아다니는 붉은머리오목눈이가 좋은 거였다. 하지만 이곳에서 나를 곤란하게 하는 동물들을 만나면서, 여러 동물이 뒤엉킨 가운데 다양한 감정이 샘솟는 '난장' 가운데 앉아 "우리는 왜 소와 돼지는 먹으면서 고양이와 개를 키우는가?" 같은 오래된 질문을 새삼 되새기게된 것이다. "나는 왜 당나귀와 돼지는 좋아하면서 닭과 거위 앞에선 움츠러드는가?" 같은 질문들. 그들은 모두 인간의 평가와 상관없이 그저 자신들의 생김 그대로 살고 있을 뿐인데 말이다.

게다가 거위를 향한 나의 두려움은 인간 보편의 것도 아니었다. 어떤 보듬이는 이 거위들의 사랑을 받고 있었기 때문이다. 시간을 더 거슬러 2023년 3월의 어느 날, 저녁 돌봄 시간에 생추어리를 방문했을 때의 일이다. 두 명의 보듬이와 나, 신선영 사진가, 새생이 구황이 함께했다. 돌봄을 얼추 끝낸 시간, 보듬이 두 명이 거위들에게 다가갔고, 그러자 익숙하다는 듯 거위들이 기꺼이 긴 목을 뻗어 마음껏 쓰다듬으라는 듯 그들의 손길에 자신을 맡기는 것이 아닌가. 쉴 새 없이 떠들던 입도 얌전히 닫고서 말이다. 인간과 애정을 나누는 그 모습이 거위의 본성을 거스르고 있는 것처럼 보여 배신감마저 느꼈다. 그리고 그 앞에서 유난 떨던 나 자신이 몹시 작아질 수밖에 없었다.

"거위들이 어떻게 가만히 있죠?"라고 묻자 그들을 쓰다듬고 있던 보듬이가 우리가 잘 아는 그 말을 대답으로 돌려줬다. "좋아하는 마음으로 대하면 거위들도 아는 것 같아요." 동물을 좋아한다는 것과 싫어한다는 것은 무엇일까. 왜 우리는 어떤 동물은 소중하게 대하고 어떤 동물에게는 무관심한가. 어떤 동물에 대해서는 아무 이유 없이 온몸을 부르르 떨며 사랑하는 이유를 100가지쯤 말할 수 있고, 또 어떤 동물에 대해서는 제멋대로 만든 수식어를 붙여가며 (내가 거위를 표현한 단어들만 봐도 이미 호들갑스럽다.) 저 혼자 무서워하고 벌러덩 넘어지며 떠는가. 뜬금없지만 나는 야생비둘기를 멋들어진 회색 코트를 입고 있는 단정한 신사로 느끼곤 한다. 하지만 '비둘기'라는 말만 들어도 견딜 수 없어 하는 이들이 있다. 이런 감정의 격차는 어디에서 오는 것일까?

새벽이와 잔디가 먹는 밥그릇에 오리와 거위들이 얼굴을 들이미는 모습을 본다면 '저 녀석들은 왜 우리 잔디가 먹는 걸 건드는 거야……' 하는 생각에 나처럼 당황하는 이들도 있을 것이다. 특별한 애정을 기반에 둔 요망한 삐딱함. 하지만 한편으로는 갈 곳 없는 돼지가 비빌 수 있는 언덕이 주인 없는 '잡다한' 동물들이 살아가고 있는 터전이라는 것은 낯설지언정 꽤나 자연스럽기도 했다. 그러니까 이렇게 모든 존재가 뒤섞여 있는 공간 안에 균형이 존재하는 것이다. 이렇게 다 같이 섞여 있는 모습을 보면 지나가던 행인조차 "왜 저 돼지는 농장에 있지 않고 여기에 있지?"라는 질문을 하지 않게 된다. 그래서 이 교묘한 동거는 이곳에 있는 동물들, 특히 때때로 악플과 위협을 받곤 하는 새벽이와 잔디의 안전을 보장하기도 했다.

그 외에도 가까운 이웃들이 새벽이와 잔디를 함께 돌봐주었기 때문에 당시에는 아침과 저녁 돌봄만으로도 새벽이와 잔디의 안전에 대한 우려를 덜 수 있었다.

구제역, 아프리카돼지열병, 그리고 살처분

질문은 다음으로 이어진다. 그럼에도 불구하고 왜 새벽이와 잔디는 지금의 장소로 이사를 와야 했을까? 물론 많은 이유들이 있다. 가장 큰 이유는 땅 소유주가 개인적인 사정으로 더 이상 땅을 임대해 주기 어려운 사정이 생긴 데 있었다. 하지만 그에게 그런 사정이 생기지 않았더라도 새벽이생추어리는 이사를 준비할 수밖에 없는 상황이었다.

새벽이생추어리는 국내 다른 생추어리와 비교할 때 보안에 매우 큰 주의를 기울인다. 그래서 새벽이생추어리에서는 기존에 보듬이들을 모집할 때에도 '경기도'에 위치해 있다는 점 정도만 밝혀왔다. 이후 보듬이 교육(보듬이들은 모두 1회, 한 시간 내외의 교육을 이수해야 보듬이 활동을 시작할 수 있다.)을 모두 완료한 다음, 첫 보듬이 활동을 나가서야 생추어리의 위치를 알 수 있다. 첫 돌봄활동을 하는 날에도 자세한 주소는 알려주지 않고 '○○지하철역으로 오라'는 정보만 알려준다. 그곳에서 새생이와 함께 생추어리 장소까지 이동하면서 정확한 위치를 알게 된다. 보듬이 활동을 시작할 때는 '동의서'를 작성해야 한다. 사진을 찍으면 위치 정보가 자동으로 저장되는 경우가 있다. 그 사진을 웹이나 SNS에 업로드하면 위치가 노출되는 경우가 생긴다. 이를 막기 위해 카메라 설정 값을 바꿀 것, 위치를 추측할 수 있는 배경이 나올 경우 삭제할 것, 활동가의 신원이 드러나는 글을 올렸을 경우 삭제를 요청하면 이에 응할 것 등의 내용이다. 현재 국내 생추어리 중 농장동물을 대상으로 하는 곳은 세 곳이다. 인제에 위치한 소 생추어리 '달뜨는 보금자리'와 돼지 생추어리 '새벽이 생추어리', 동물권행동 카라의 미니 팜 생추어리다. 하지만 다른 곳들과 비교해도 새벽이생추어리는 보안에 더 민감하다.

중요한 이유 중 하나는 살처분 때문이다. 구제역, 럼피스킨병, 아프리카돼지열병, 고병원성 조류인플루엔자 등은 모두 가축전염병 예방법에서 정하고 있는 제1종 가축전염병이다. '국가 재난형 가축전염병'으로 분류돼 정부가 특별 관리를 한다. 가축전염병 예방법 제20조(살처분 명령)에 따르면 제1종 가축전염병이 퍼지는 것을 막기 위해 필요할 경우 살처분을 '명령'할 수 있다. 특히 동조항 단서에는 "가축전염병이 퍼지거나 퍼질 것으로 우려되는 지역에 있는 가축의 소유자에게 지체 없이 살처분을 명할 수 있다."고 되어 있다. 해당 질병이 발병한 장소를 중심으로 일정 지역 내의 가축에 대해 질병 감염 여부와 상관없이 살처분할 수 있도록 하는 예방적 살처분에 대한 규정을 두고 있는 것이다.

소와 돼지가 공통으로 걸리는 전염병인 구제역은 폐사율이 높지 않다. 소와 돼지 모두 90퍼센트 이상 백신 항체 양성률을 보인다.

문제는 돼지가 걸리는 아프리카돼지열병이다. 전 세계적으로 백신이 아직 개발되지 않았을 뿐만 아니라 폐사율이 100퍼센트에 이른다. 2019년 아프리카돼지열병이 첫 발병한 이후 2024년 5월 기준, 돼지 사육농장에서 총 40여 건이 터졌고 돼지 살처분 규모는 6만 4000여 두에 달한다. 야생멧돼지에게는 매년 800~900건씩 지속 발생해 총 4000여 건 이상 검출됐다. 발생 지역의 범위 역시 점점 넓어지고 있다. 백두대간을 따라 확산되다 최근에는 소백산맥을 타고 서남쪽으로 이동하고 있으며 강원 남부, 충청 북부, 경상 북부로까지 확대되어 내륙의 28퍼센트에 이른다. 야생멧돼지의 발병은 경북 포항(2023년 10월 이후)까지 남하했다. 멧돼지 방역은 통제가 어렵기 때문에 앞으로 발생 범위가 더 넓어질 것으로 예상된다.

문제는 지자체와 중앙정부의 재량에 맡긴, 객관적 기준 없는 '예방적 살처분' 조치. 최근 제정된 아프리카돼지열병 방역실시요령에 따르면 가족농장 및 발생농장 반경 500미터 내 농장에 대한 예방적 살처분 명령은 시장 및 군수가 한다. 이때 발생상황 및 역학적 특성, 농장 유입 위험도 등을 평가하여 결정하도록 하지만 필수는 아니다. 범위를 축소하거나 확대해야 할 경우 농림축산식품부 장관이 검역본부장 또는 시도지사의 건의를 받아 결정한다. 이 과정에서 현장 평가단이 위험도 평가를 하기도 하지만 그저 참고사항에 불과하다. 중앙가축방역심의회는 자문 역할로 국한된다. 결국 예방적 살처분에 대한 객관적인 기준은 사실상 '없는' 셈이다.

이런 가운데 2019년에는 반려돼지까지 살처분 대상이 되어 논

란이 일었던 적이 있었다. 새벽이와 잔디가 아프리카돼지열병에 확진되지 않더라도, 인근 농장에서 발병할 경우 확진 여부조차 확인받지 못하고 살처분을 당할 수도 있다.

실제 해외에서도 정부의 아프리카돼지열병 방역 대책에 따라 생추어리 내 동물들을 살처분한 사례가 있었다. 2023년 9월, 이탈리아 당국은 파비아 지방의 쿠오리 리베리^{Cuori Liberi} 생추어리에 있는 돼지 열 마리를 살처분하라는 명령을 내렸다. 수백 명의 활동가들이 이를 저지하기 위해 생추어리에 모였지만 경찰에 의해 저지됐다. "돼지 열 마리를 죽이기 위해 경찰차 일곱 대가 모인" 셈이었다. 당시 아프리카돼지열병 발생이 확인된 지역에서 확진 여부와 상관없이 모든 돼지들을 살처분하라는 명령이 내려졌고 이미 3만 4000마리가 목숨을 잃은 상황이었다. 활동가들은 생추어리의 돼지 열 마리는 고립되어 있었고 다른 동물과 접촉하지 않았다는 점을 주장하며 살처분 명령을 철회해달라고 항의했지만 받아들여지지 않았다. 이에 이탈리아 동물복지단체 OIPA^{Organizzazione Internazionale Protezione Animali}는 "생추어리는 가축농장이 아니다. 자본주의와 축산업 구조의 속박에서 벗어난 공간이다. 그곳은 인간과 비인간동물이 공통된 종으로 더불어 살아가고 서로를 돌보는 곳이지, 정부 기관이 해방된 존재들을 학살하고 다시 통제하려고 하는 것을 지켜보는 곳이 아니다."라고 비판했다.[15]

새벽이생추어리 역시 현재 농장동물을 '등록'해 정부가 관리하는 방식에 저항한다. '자본주의와 축산업 구조의 속박'에서 벗어나기 위해서다. 새벽이는 현재 돼지로 '등록'되어 있지 않다. 새벽이는 식용으로 사육되는 농장동물이 아닐뿐더러, 새벽이생추어리 역시 축산업장이 아니기 때문이다. 정부에 등록되어 관리될 경우 가축 방역 사업에 따라 정기적으로 농가소득지원, 가축백신지원, 살처분 보상금지원 등을 받게 된다. 이러한 지원 사업의 가장 중요한 목적 중 하나는 "가축전염병 예방 및 확산 방지로 축산농가와 양돈농가의 생산성을 향상하는 것"이다.[16] 이러한 목적에 동의하지 않기 때문에, 새벽이와 잔디는 축산업 시스템 밖에서의 삶을 도모한다.

동물권 운동의 주체가 된 새벽이

보안 문제가 중요한 또 다른 이유는 고작 저렴한 '돼지고기'에 불과한 존재가 운동의 주체가 되어 현대사회가 동물과 맺어온 관계를 위협하고 있다며, 이에 적극적으로 반발하는 이들 때문이다. 2019년 7월, 새벽이는 경기도 화성에 위치한 종돈장에서 'DxE 서울 (Direct Action Everywhere 서울, 이하 DxE)'에 의해 '공개구조'되었다. 한국에서 낯선 방식이라 그 자체로 충격을 던졌다. DxE는 비폭력 직접행동 동물권 활동가들의 네트워크다. 2013년 미국 캘리포니아주를 중심으로 생겨났으며 미국, 영국 등 14개국 29개 도시에서 '글로벌 록다운' 행동을 벌였다. 채식주의, '구조할 권리' 등을 주장하며 식당과 마트 등에서 시위를 하고, 농장 등 사유지를 침입해 가축을 구조하는 '직접행동'이라는 방식으로 활동한다. 공장식 축산업에 종사하는 이들과 정부뿐만 아니라 소비자에게도 직접적인 변화를 요구하며 '불편'을 준다는 점이 운동의 성격이기도 하다.

공개구조Open Rescue란 활동가들이 신원을 감추지 않은 채 농장에 직접 들어가 농장동물을 구조하는 활동이다. '구조'라는 단어를 쓰고 있지만 현행법상으로는 '절도'에 해당하는 행위다. 21대 국회에서 정청래, 이탄희 의원 등이 민법 일부개정안을 대표발의하면서 동물을 물건이 아닌 생명체로 보자는 목소리를 냈다. 2021년 7월 19일 법무부가 '동물은 물건이 아니다.'라는 내용의 민법 개정안을 입법예고하기도 했다. 하지만 이러한 변화의 단초들에도 불구하고 DxE가 새벽이를 구조할 당시에도, 5년이 지난 지금에도, 동물은 현행법상 여전히 '물건'으로 취급된다.

지금도 인터넷에서 DxE가 새벽이를 공개구조하며 진행한 라이브 영상을 볼 수 있다.[17] 이들은 그 경험을 『훔친 돼지만이 살아남았다』(호밀밭, 2021)라는 책으로 출간하기도 했다. 당시 농장주는 새벽이를 '훔친' 행위에 대해 법적 조치를 취하지 않았다. 이유는 알 수 없지만 경제적 손실이 크지 않은 수컷 자돈 한 마리로 문제를 키우고 싶지 않았을 수도 있었을 것이다. 하지만 새벽이 공개구조를 포함한 이후 DxE가 펼친 활동은 두루 주목받으며 지지와 함께 공격을 받았다. 새벽이생추어리 활동가들이 새벽이를 '동물권 운동의 최전선에 선 생존자'로 호명하는 이유이기도 하다.

2019년 DxE 활동가들은 한 지역의 도계장을 찾아 여행용 가방에 시멘트 200킬로그램을 쏟아 넣고 자신의 손을 그 안에 넣어 결박한 채 약 네 시간에 동안 닭을 실은 트럭의 진입을 막는 시위를 진행했다. 2020년 밸런타인데이에는 서울 중구 세종문화회관 앞에서 상의 탈의 시위를 하기도 했다. 그 외에도 돼지고기 무한리필 식당, 초밥 식당, 닭볶음탕 음식점을 방문해 '음식이 아니라 폭력입니다.'라는 피켓을 들고 구호를 외치는 캠페인도 진행했다. 이런 '튀는' 활동들은 DxE 활동가들을 동물권 단체를 향한 비판의 최전방에 세우기도 했다. 이들이 일반인의 눈앞에 직접 모습을 드러내며 일상적 행위를 불편하게 만들었기 때문이다. 이런 운동 전략은 논쟁을 불러일으키기도 했다. DxE 한국 지부는 2019년 5월 만들어졌으나 2023년 8월부로 무기한 활동 정지를 한 상태다.

새벽이생추어리의 시작에는 이런 DxE 활동이 있었고, 이러한 운동의 방향성과 여전히 같은 문제의식을 가지고 있다. 새벽이생추어리의 비전은 이렇다. "새벽이생추어리는 종차별주의 피해 생존자들의 편에 서서, 착취의 고리를 끊고 우리 모두를 위한 동물해방을 상상하고 실현할 것입니다." 새벽이생추어리는 모든 축산업에 반대한다.

"처음 (새벽이를) 구조할 때의 철학이라 해야 할까. 거기에 동의가 되어서 (새벽이생추어리로) 이끌려 왔어요. 이곳 동물들 앞에서 축산업이라는 얘기를 하기가 너무나 부끄러워요. 새벽이라는 존재 앞에서 '동물복지만이라도 하자.'는 이야기를 하는 것 자체가 너무 수치스럽고. '당신 종족이

고통스럽게 도살되는 것보다는 편하게 살다가 죽는 게 낫잖아.'라고 말하는 건데 너무 폭력적이지 않나요? 제가 이곳에 처음 와서 새벽이를 만났을 때 '새벽이를 생추어리의 주인으로 대해야 한다.'는 친절하지만 단호한 분위기가 있었어요. 현대사회에서는 동물을 어떤 공간의 주인으로 대한다는 게 거의 불가능한 일이었으니 교육적인 측면에서도 강조했던 것 같아요."(영인)

"원래 하던 일이 사회복지 관련된 일이었어요. 그때는 '인권'이 내가 추구해야 할 가장 궁극적인 가치였죠. 그 과정에서 페미니즘에 대한 관심을 갖게 됐고 사회적 이슈에 관심을 가지고 '모모(고양이)'를 만나게 되면서 내가 알던 인권이라는 개념이 얼마나 협소한지, 거기서 배제되지만 이 사회를 굴러가게 하는 존재가 얼마나 많은지 알게 됐습니다. 비인간동물뿐만 아니라 자연도 배제되고, 인간이지만 '정상성'에서 배제되어 가려지는 이들도 있고요. 동물권 운동을 만나면서 오히려 확장되는 기분을 느꼈어요. 처음엔 모모를 통해서 비인간동물의 아픔과 고통을 알게 된 것이 이 이슈에 관심을 갖게 된 가장 큰 원인이었는데, 이제는 단 한 가지 문제만 해결한다는 게 불가능하다는 걸 알게 됐죠. 소외와 차별은 다 연결되어 있는 거고, 그래서 새벽이생추어리도 '착취의 고리를 끊는다.'라는 비전을 말한다고 봐요. 누군가를 배제하고 얻는 이득에서 더 이상 행복을 느끼지 못하겠더라고요. 제가 바라는 '동물해방'은 모모가 나를 떠나도 인간에 의한 폭력 때문에 죽지 않을 수 있다고 신뢰할 수 있는 사회를 만드는 거예요. 인간의 선택을 받은, 자본을 가진 그런 운 좋은 존재

들만이 살아남지 않는 사회."(구황)

어느덧 새벽이생추어리가 만들어진 지도 5년이 되었다. 새벽이 생추어리는 '어떤 사람들과 함께할 것인가?'라는 질문을 던지며 오랫동안 그 답을 찾아왔다. 지금은 가치관을 공유하는 '우리'와 더 긴밀하게 연결되는 방법을 고민한다.

그렇다면 새벽이생추어리는 '같은 편'끼리만 모여 있는 닫힌 집단일까? '보듬이'라는 존재는 자칫 폐쇄적으로 보일 수 있는 새벽이생추어리에 확장성을 더하는 네트워크의 '링크'가 된다. 보듬이들은 각자 다른 자원과 배경을 가진 이들로 새벽이생추어리와 느슨하게 연결되어 열린 구조를 만든다. 나이, 성별 등 아무런 조건 없이 그저 같은 가치를 지향하는 이들이라면 누구나 새벽이생추어리와 만나고 연결될 수 있다.

이들은 동물권 책 모임과 주제를 정한 드로잉 모임, '동물로서 글쓰기' 모임도 진행한다. '오픈 생추어리 읽기 모임'도 진행하는데, 해외 생추어리 관련 자료들이 정리된 사이트를 기반으로 생추어리 운동의 방향성을 고민하는 모임이다. 새벽이와 잔디가 가지고 놀 '놀잇감 만들기 워크숍'을 이끌기도 하고, 살처분 반대 모임을 운영할 때도 있다. 새벽이생추어리는 지역으로 거처를 옮기면서 '수도권을 활동 기반으로 하는 새생이'들을 새롭게 추가하기도 했다. 지역으로 이사를 간 2024년, 새벽이생추어리는 기존과 다른 새로운 목표를 세웠다. 자신들과 같은 가치를 지향하는 이들과 더 많이 만나는 것이다. 현재는 새벽이생추어리가 있는 지역에 머무르며 돌봄과 사무국 업무를 하는 새생이와 수도권을 기반으로 활동하며 모금, 후원자 관리, 단체 홍보, 행사, 정치적 활동 등을 하는 새생이로 두 체계를 나누어 활동하고 있다.

연결되고 결합하며 길을 찾는

돼지 한 마리가 쓰러져 있었다. 죽었나? 설마. 트럭 위에 갇힌 다른 돼지들이 우왕좌왕하다 트럭 뒤를 막아놓은 철창에 몸이 부딪혔다. 몇몇은 그 사이로 조심스럽게 밖을 내다봤다. 다들 바닥에 누워 있는 '것'을 신경 쓸 겨를이 없어 보였다. 아마 조금은 밟혔겠지. 그런데도 바닥에 누워 있는 돼지는 아주 깊게 잠이 든 것처럼 움직이지 않았다. 숨을 쉬는지 지켜보는데 불쑥 다른 돼지와 눈이 마주친다. 등에 빨간 스프레이로 칠을 한 것처럼 새빨간 상처가 나 있다. 그 위에는 흙이 잔뜩 묻어 있다. 다들 귀며 코며 얼굴과 등 할 것 없이 온몸에 '묵은 흙', 어쩌면 똥이 묻어 있었다. 냄새가 지독하다. 오전 9시, 초봄의 비가 어깨를 촉촉하게 적실 만큼 느리게 떨어졌다. 젖은 공기에는 미풍의 단내보다 진득한 삶과 죽음 사이의 냄새가 묻어 있었다. 마주친 두 눈에 붉은 핏발이 서 있다.

　한 마리만 그런 게 아니다. 어딜 보나 그 눈을 보게 된다. 지독한 피로가, 오래되고 낡은 절망 같은 것이 그 안에 있었다. 솔직히 말하자면 그 눈은, 육체 안에 있는 영혼이 어느 정도 미쳤다고 말하고 있는 것 같았다. '미쳤다'는 말을 떠올리고는 참혹한 마음이 들었지만 이내 수긍하고 만다. 다시 그 눈을 빤히 봤다. 오늘 들어온 돼지들은 모두 모돈들이었다. 감금틀에 갇혀 임신과 출산만 반복하다 여기까지 왔다. 그래, 3년간 그렇게 갇혀 지냈는데 미치지 않았으면 그게 더 이상하다. 도축장 입구에 선 1톤 트럭이 천천히 소독약이 방사되는 출입구로 출발했다.

2024년 3월 28일, 경기도 평택 인근에 있는 소규모 도축장을 찾았다. 보듬이 혜리(현재는 새생으로 활동한다.)는 주기적으로 비질 모임을 한다. 새벽이생추어리 보듬이들과 시작한 이 모임은 현재 다양한 분야의 사람들이 참여하고 있다. 비질은 철야기도를 뜻하는 영어 단어 'vigil'에서 유래한 것으로 도축장 앞에서 동물들을 만나 이들이 겪은 폭력을 기억하고 증언하며 애도하는 활동을 말한다. 한국에서는 2019년 이후 비질 활동이 지속적으로 이어지고 있는데 일부 도축장에서는 이를 삼엄하게 경계하기도 한다. 하지만 우리가 이날 방문한 'ㅍ 도축장'은 하루에 돼지 800마리가량을 '처분'하는 비교적 크기가 작은 곳으로 활동가들이 잘 찾지 않아 오히려 우리를 선뜻 반겼다. 돼지들이 타고 있는 트럭에 바짝 붙어 서서 사진도 찍고 뭔가를 하고 있는 우리를 보고 사업장 관리자가 사무실로 우리를 데려갔다. "동물권 운동을 하는 사람들"이라고 소개하자, "나도 동물 참 좋아해."라며 친근하게 응했다.

"이제 이렇게 트럭에 실려 오면 서너 시간 정도 있다가 목욕을 시켜요. 차 안에서 서로 부딪히는데 힘들었잖아. 그러니까 분무기로 물을 뿌려서 깨끗하게 씻고 그다음에 잠을 좀 재워. 그러면 꿀꿀꿀꿀 하고 기분이 최고로 좋아지는 거예요. 스트레스 안 받을 때, 그때 잡아야 고기가 좋거든. 이렇게 절사기라고 해서, 전기로 탁탁 하는 게 있는데 그걸로 딱 잡으면 돼지가 웃으면서 '나는 간다.' 이러고 죽어요."

도축과 육가공을 같이 하는 이곳은 도축장 근무자의 평균 연령이 65세가량 된다고 말했다. 그는 "우리 업체도 언제까지 버틸 수 있을지 모르겠다."는 토로를 이어갔다. 돼지 도축량이 감소하고 있는데다 젊은 사람들이 동물 죽이는 일을 하려고 하지 않아서 죄다 고령화되어 생산성도 떨어진다는 것이다. 원래 사람들이 별로 살지 않는 시골이었는데 신도시가 생기면서 민원이 많아져 버티기가 힘들다고 했다. 보듬이 혜리는 차분하게 그의 말을 듣고 기록했다.

함께 비질을 다녀오고 며칠 후, 혜리에게 연락이 왔다. '새벽이생추어리 비질 모임'이 여성환경연대 임팩트 지원사업에 선정되어 비질 기록집을 제작할 예정이라는 것이었다. 한 달에 두 번씩 흑염소 경매장, 도살장, 전통시장, 동물체험장 등을 다닐 거라고도 했다. 활발하게 외부 활동을 하고 있는 그는 사실 "웬만하면 집에서 나가지 않는 사람"이라고 자신을 소개했다. "내가 밖에서 뭔가를 하고 있다고 하면 그건 나라꼴이 이상하다는 거다."라고 농담인 듯 진심인 말을 하며 그는 자신의 변화에 새벽이생추어리와의 만남이 있었다고 말했다. 일러스트레이터인 그는 새벽이를 그림에 담고 싶어서 새벽이생추어리에 연락을 했고, 이후 지금까지 함께하고 있다.

"원래는 혼자 (환경과 동물에 대해) 공부하고, 피해만 끼치지 않으면서 살면 되겠다고 생각했어요. 그런데 '연대자'라는 비빌 언덕이 생기니까 사람들하고 같이 목소리를 내면 뭔가를 바꿀 수 있지 않을까 하는 구체적인 기대가 생기더라고요. 또 새벽이와 잔디를 보니까 그렇지 않은 삶을 사는, 가축으로 착취되는 동물들을 만나는 현장을 가봐야겠다는 생각도 들었고요. 그렇게 비질에 나가게 된 거예요. 이론에 그치지 않고 행동하고 싶어지는 계기를 새벽이생추어리를 통해 얻었어요."

축산업 완전 철폐를 내세우며 동물해방과 종차별주의에 반대하

도축장으로 향하는 돼지들

는 새벽이생추어리의 슬로건은 어쩌면 국내 동물권 운동단체 중 가장 급진적일지 모른다. 이들의 주장에 동의하는 사람도 있고, 그렇지 않은 사람도 있을 것이다. 중요한 것은 시민운동은 저마다의 다양성을 꽃피우며 논쟁을, 갈등을, 앞선 의제를 던지며 우리 사회에 역동성을 부여한다는 것이다. 이런 운동을 통해 한 사회는 기꺼이 논쟁하고, 와글거리고, 익숙한 것을 다르게 보는 시선을 배워나갈 수 있다.

새벽이생추어리가 관습의 정반대 방향을 향해 가리키고 있는 손가락은 앞으로 더 많은 논의들을 불러올 것이다. 새벽이생추어리를 만들어가는 사람들은 많지 않다. 하지만 이들은 때로는 '새벽이생추어리'라는 단체의 이름으로, 때로는 한 명의 '개인'으로 한국의 동물권 운동의 씨앗을 심고 있다. 이들의 투쟁은, 새벽이가 '새벽이'라는 이름을 가지게 된 이유를 떠올리게 한다. 아직은 어두운 동물해방의 새벽을 연다는 의미가 담긴 이름인 것이다.

사위가 고요한 가운데 지난밤 젖은 공기가 얼어붙은 땅 위를 아직 떠나지 못한다. 새벽이다. 연무가 시야를 가린다. 하지만 의식은 또렷하다. 흐린 시선의 끝에 어떤 이들이 둥글게 몸을 말고 무언가를 심고, 뿌리고, 가꾸고 있는 모습이 보인다. 한 사람씩, 한 사람씩 그 곁에 모여든다. 여전히 빛은 내리지 않았지만 이 어둠이 걷히고 나면 어떤 변화가 시작될 거라는 직감이 든다. 국내 최초의 생추어리, 새벽이생추어리는 그렇게 새벽을 지킨다.

어떤 동물은 죽고, 어떤 동물은 산다

4년 전 우연히 경기도 가평역 인근에 버려졌던 진도믹스견을 만났다. 집으로 데려와 이름을 지어줬다. 남은 생을 잘 살아가길 바라는 마음을 담아 '하루'라 불렀다. 동물과 사는 삶을 선택한 후로 취재 현장과 일상 사이에서 나는 자주 혼란스러웠다. 취재 현장에서 본 동물들은 대부분 인간의 유희를 위해 이용당하거나, 도살되기 직전의 상황에 처해 있거나, 이미 죽은 모습이었다.

2021년 7월 9일 자정을 넘긴 밤, 김다은 기자와 나는 취재 차에서 거의 말이 없었다. 피곤한 탓이기도 했지만 동물해방물결(동해물) 활동가들과 곧 개 도살장을 급습하기로 했기 때문에 긴장한 상태였다. 동해물이 8개월간 추적 조사한 경기도 여주의 개 도살장은 말 그대로 처참했다. 경찰과 함께 들어갔을 때 도살업자로 보이는 남성들은 전기봉을 들고 있었다. 활동가들과 경찰이 업자들과 실랑이를 벌이는 동안 코를 찌르는 냄새를 참으며 빠르게 주변을 카메라에 담았다. 몸이 구겨져 철창 가장 아래에 깔려 있던 개는 혓바닥을 내민 채 미동이 없었다. 각종 기계가 놓인 실내에는 털이 쌓여 있었고, 그 옆으로 사체가 뉘어 있었다. 불빛이 비추는 곳마다 뜬장에 갇힌 개들의 얼굴과 두려움 가득한 눈이 보였다.

취재는 동이 튼 새벽에 끝이 났다. 이른 아침 집으로 돌아왔을 때 나를 반겨주던 하루를 보고 눈물이 왈칵 쏟아졌다. 마치 아무 일도 없었던 것처럼 내 일상은 평화로움 그 자체였다. 그 괴리감이 너무 컸다. 그날 이후로 동물을 볼 때마다 이전과 다른 감각들이 서서히 생겨났다. 죽지 않고 살아가는 동물을 기록해보고 싶다고 생각했다.

화창한 5월의 아침. 강원도 인제 신월리 달뜨는 보금자리 인근에 자라는 풀도 키가 점점 높아졌다. 보라색 울타리 바깥에는 작은 물웅덩이가 생겼다. 검은 무늬가 있는 무당개구리 가족이 그 안에서 헤엄치는 걸 신기하게 보고 있는데 가야가 어느새 다가와 말을 걸었다. "개구리도 가족이 있는데 꽃풀소는 가족이 없잖아. 엄마 아빠가 보고 싶을 거야. 나는 소들이 하는 말이 들리는 것 같아." 그때까지 소들에게 엄마 아빠가 있을 거라는 생각을 미처 하지 못했다. 게다가 소들이 하는 말이 들리는 것 같다니, 얼마나 친해져야 그런 생각을 할 수 있을까. 어린이의 세계는 역시 다른 것인가 생각했다. 무게 1톤이 넘는 꽃풀소들 앞에서 나는 자주 움츠러들었다. 누구에게나 잘 다가가는 메밀이는 다섯 소들 가운데 몸집이 작은 편이었지만, 킁킁거리는 코가 가까워질 때마다 어쩐지 내 몸은 경직됐다. 반면에 가야와 솔은 소들과 있을 때 자유분방했다. 검은 소 창포와 엉이를 구별하는 방법, 소들이 쉴 때 즐겨하는 자세 등을 알려준 것도 가야였다. 가야가 이리저리 울타리를 넘어 다녀도 소들은 꼬리로 파리만 쫓을 뿐, 별 반응이 없었다. 꽃풀소 생추어리 안에서 작은 인간들과 거대한 소들 사이에 느껴지는 편안함을 사진에 모두 담아내는 것은 불가능했다.

부들 2019-10-30

엉이 2019-10-28

창포, 미나리 2019-10-25

메밀 2019-10-22

머위 2019-10-12

2023년 가을, 인제에서 꽃풀소를 만나고 돌아오는 길이었다. 현욱 활동가에게서 문자가 왔다. 세상을 떠난 미나리까지 총 6명의 생일을 알려줬는데 날짜가 모두 10월이었다.

그해 10월은 전염병이 돌았다. 소에게만 걸리는 럼피스킨병이 국내 처음으로 충남에서 확인된 후 열흘 만에 경기, 강원, 전남까지 전국으로 빠르게 확산했다. 가축전염병 예방법에 따라 제1종으로 분류된 럼피스킨병은 걸리는 즉시 살처분 대상이 된다. 당시 나는 '예방적 살처분'이 진행되던 경기도 한 농가에 갔다. 방호복을 입은 사람들이 병에 걸리지 않은 멀쩡한 소를 약물로 죽이고 있었다. 곧이어 사체를 하늘색 FRP(섬유강화플라스틱) 통으로 옮기는 장면을 카메라에 담았다. 사체를 통 안에 던지기 직전, 부패를 위해 소의 몸에 구멍을 내던 이들은 외국인 노동자였다. 태어난 지 얼마 안 된 송아지 사체를 포클레인으로 들어올릴 때 나도 모르게 탄식이 새어나왔다. 내가 인간이라는 사실이 끔찍할 정도였다. 그렇게 며칠을 시달린 후 주말을 틈타 인제로 달려갔다. 평소처럼 카메라를 들지 않았고, 대신 꽃풀소들이 쉬는 모습을 바라보기만 했다. 그 자체로 위안이 되는 시간이었다. 옆에서 내 얘기를 들은 현욱 활동가는 신월리 다른 농가들처럼 꽃풀소들도 예방접종을 끝냈다고 했다. 혹시 인근에서 감염 사례가 나오지 않을지 내심 초조하던 차에 조금은 안심이 됐다. 꽃풀소들의 생일 파티 소식은 SNS를 통해 알고 있었는데, 현욱 활동가가 무척 밝은 표정으로 그날의 일을 자세히 설명해줬다. 인간에 의해 고기로 태어난 소들이 고기가 되지 못하고 죽어가던 계절, 인간들에게 생일을 축하받는 소들도 있었다.

곰 보금자리 프로젝트 활동가들을 처음 만난 날은 화천 사육곰 농장에 살던 덕이와 소요가 이사하는 날이었다. 오전부터 오후까지 활동가들은 무척 바쁘게 움직였다. 그날 인상적이었던 것은 곰 보금자리에 도착한 덕이와 소요를 우리로 옮기던 장면이다. 지금은 음식 창고에서 우리로 향하는 언덕이 시멘트 길로 반듯하게 바뀌었지만, 당시만 해도 좁고 울퉁불퉁한 자갈길이었기 때문에 우리 바로 앞까지 차가 진입하기 어려웠다. 한 마리씩 태운 케이지를 활동가들이 온몸으로 밀고 가는 모습을 보고 있는데 옆에 있던 누군가가 '피지컬100(넷플릭스 예능 프로그램)' 같다고 말했다. 정말 그랬다. 방금 전까지 각자의 역할을 척척 수행하던 활동가들이 힘을 뭉쳐 움직이던 장면은 꽤 인상적이었다. '돌봄'에는 언제나 '육체적 노동'이 수반된다. 동물을 돌보는 일도 마찬가지다. 화천 상근 활동가인 강지윤, 김민재, 조아라 이 세 명의 여성이 만들어내는 역동적인 아침 풍경은 정말 많은 사람들에게 알리고 싶을 정도다. '곰 보금자리' 글의 설명대로 화천의 아침은 분주하지만 일사불란하다. 돌봄이라는 것이 이토록 체계적이고 협동적인 일이라는 것을 너무도 잘 보여준다. 활동가들은 곰을 관찰하고 지켜보는 데에도 많은 시간을 쏟았다. "돌봄을 하면서 가장 많은 시간을 보내는 일은 그냥 바라보는 일이더라고요." 강지윤 활동가가 했던 이 말은 정말 맞았다. 그들은 시내 한 식당에서 점심을 먹는 동안에도 스마트폰 앱으로 보는 CCTV 화면으로 곰들의 모습을 수시로 확인했다.

곰들이 지내는 우리 앞에는 붉은색 선이 그어져 있다. 언제든 위험한 상황이 발생할 수 있기 때문에 안전거리를 유지해야 한다. 철창 사이로 갑자기 곰이 손을 쭉 내밀 때도 있다. 카메라 렌즈는 철창 사이를 이리저리 피해가며 곰을 찍어야 하는데, 거리를 두면서 촬영하기란 여간 어려운 일이 아니었다. 네 곳 중 가장 촬영 난이도가 높은 곳이 곰 보금자리였다. 날씨가 화창한 날에는 사진에 온통 그림자 줄무늬가 생겼다. 곰숲도 마찬가지였다. 촘촘한 철제 그물망으로 둘러싸인 곰숲(방사장)에서는 성능이 좋은 카메라도 엉뚱한 곳에 초점을 맞추기 일쑤였다. '온전한' 컷을 담으려면 내게도 곰을 '바라보는' 시간이 필요했다. 개체마다 특성을 익혀야 했다. 눈치가 빠른 조아라 활동가는 고맙게도 내가 우리 앞에서 버퍼링이 걸릴 때면 "천천히 찍으세요. 촬영 다 끝나면 알려주시고요."라며 자리를 비켜주기도 했다. 의외로 가장 '포토제닉'한 곰은 경계심이 가장 높았던 주영이었다. 우투리와의 합사 시간 외에도 주영이는 다양한 포즈를 보여줬다. 나에게 무엇보다 어려웠던 일은 사진에 찍힌 어푸와 라미, 알코르, 유일이를 구별하는 것이었다.

'곶자왈 말 보호센터'로 불리는 말 생추어리는 외부인이 쉴 새 없이 찾아오는 곳이다. 말이 좋아서, 자연이 좋아서 온 사람들은 오히려 '위로'를 받고 떠난다고 했고, 누군가는 봉사자가 되어 다시 그곳을 찾았다. 내가 퇴역 경주마를 취재하기 위해 처음 이곳을 방문했던 2022년 여름만 해도 말 생추어리는 그리 알려지지 않은 곳이었다. 김남훈 대표를 만난 날, 2년 가까이 거의 혼자 힘으로 곶자왈 내 생추어리를 만들던 그에게서 어떤 자부심 같은 게 느껴졌다. 프로골퍼로 밤에는 레슨을 하며 서른 마리가 넘는 말을 돌보고 있었다. 체력적으로도 금전적으로도 애정과 희생 없이는 도저히 불가능한 돌봄이었다. 김 대표는 퇴역 경주마가 처한 현실뿐만 아니라 승마장의 실태, 무엇보다 말의 고유한 습성에 대해 그 누구보다 잘 알고 있는 사람이었다. 말 생추어리에서 얼마 떨어지지 않은 도축장으로 퇴역 경주마들이 들어간다는 사실을 알려준 사람도 그였다.

2022년 7월 제주축산농협 축산물 공판장 담벼락 옆, 나는 돌을 밟고 올라서서 카메라 렌즈를 내 키보다 훨씬 높은 벽 안쪽까지 밀어넣느라 진땀을 빼고 있었다. 동행했던 제주 동물권 단체 활동가는 주변 망을 봤다. 당시 나는 「태종 이방원」 드라마 촬영 현장에서 넘어져 죽은 말 '까미' 사건을 계기로 국내 퇴역 경주마의 현실을 취재하고 있었다.

방문 이틀째에 경주마 서러브레드종이 도축장으로 들어가는 장면을 목격했다. 제주마나 한라마와는 확연히 다른 체구, 말발굽, 머리에 씌운 굴레 뒤쪽 털이 일자로 곱게 잘린 모습을 보니 경주마가 거의 확실했다. 말을 태운 트럭이 건물 입구에 멈춰 섰고 직원들이 막대기로 말을 툭툭 찔렀다. 좁은 철창 안에서 말이 발길질을 하다가 결국 안으로 들어가자, 위에서 아래로 문이 닫혔다. 안쪽에서 '히이이이' 하는 소리가 새어나오다 어느 순간 아무 소리도 들리지 않았다. 2023년 봄, 정윤영 작가와 함께 다시 도축장으로 향했다. 간밤에 내리던 비가 멈추지 않았다. 트럭에 태운 돼지들과 한라마 두 마리가 공판장 입구로 들어가는 모습을 멀리서 지켜봤다. 그 앞에서 우리가 할 수 있는 것은 아무것도 없었다.

그날은 출산을 앞둔 루나와 루티를 발견한 날이기도 했다. 곶자왈 보안관 역할을 하는 개 루시가 앞장을 서고 동석이(루나, 루티를 구조한 불법 도축 현장 옆에 살고 있던 개)와 함께 오후 산책을 하던 중이었다. 숲에 숨어 있던 흰색 말들을 발견할 수 있었던 건 루시와 동석이 덕분이었다. 거리가 꽤 멀었지만 둘은 가만히 서서 우리를 경계하는 듯 보였다. 김 대표는 임신한 말이 숲으로 들어가는 것은 출산이 임박했다는 뜻이라고 했다. 우리가 제주를 떠날 때까지 출산 소식은 들을 수 없었다. 다시 생추어리를 찾았을 때 루나와 루티 옆에는 어느새 다 자란 새끼 루체와 로미가 건강하게 서 있었다.

말 생추어리에는 또 다른 새끼 말인 샤밀이가 있었다. 샤밀이는 책 작업이 마무리 단계에 접어든 2024년 7월 1일 새벽에 세상을 떠났다.

68만 평에 가까운 곶자왈에는 들개들이 산다. 죽은 샤밀이를 발견했던 순간을 설명하는 영상에서 김 대표는 인간에게 버려지거나 인간으로부터 도망친 개들이 들개가 되는 현실을 지적했다.[1] 들개들도 살기 위해 선택한 일이지만, 이번만큼은 견디기가 힘들었다는 말도 전했다. 곶자왈 밀 생추어리가 인간의 돌봄이 미치는 영역과 야생의 영역 사이에 존재하는 곳임을 샤밀이의 죽음으로 또 한 번 깨달았다.

새벽이생추어리가 그믐달로 이사를 가기 전 경기도 모처의 보금자리에는 '돌봄하우스'로 불리는 공간이 있었다. 새벽이와 잔디보다 앞서 다양한 동물들을 만나는 곳이다. 가장 먼저 당나귀 '동이'를 만났다. 입구에 서서 문이 열리기를 기다리는 듯한 그 모습이 어딘가 짠해 보였다. 다시 방문했을 때 동이가 새생이들과 함께 밖으로 나와 있었는데, 풀을 밟으며 산책하던 그 모습을 보는 게 왠지 좋았다. 우리에게 가장 놀라움을 줬던 거위들은 첫 만남부터 부리를 내밀고 돌진하며 다가왔다. 그때마다 새생이 구황은 익숙하다는 듯 종이상자로 거위들을 막아줬다. 부리에 쪼인 무릎 언저리가 정말 아팠다.
　새벽이와 잔디를 만나러 가기 전 온라인으로 교육을 받았다. 사전 교육을 담당한 새생이는 새벽이와 잔디를 보고 '동물권 활동가'라고 표현했다. 종차별이 만연한 세상에서 하루하루를 살아내고 있는 활동가들. 네 곳 중 유일하게 주의사항 등을 알려주는 교육이 있는 곳이었고, 나는 그들의 가치관이나 비인간동물을 대하는 시선을 미리 익힐 수 있었다. '귀엽다' '아기' '친구'와 같은 단어는 되도록 사용하지 않아야 했다. 이 부분이 생각보다 어려웠다. 그런데 내가 쓰는 단어를 인식하다 보니, 새벽이와 잔디를 '귀여운 아기 친구' 등으로 '프레임'하려는 마음도 자연스럽게 제동이 걸렸다.(그럼에도 물론 대상화가 들어간 사진이 있을 수 있다.) 새벽이생추어리는 보안을 중요시하기 때문에 장소가 드러날 수 있는 전경이나 그곳에서 사용되는 구체적인 물건 등을 사진으로 보여줄 순 없었다. 하지만 한여름에 잔디가 진흙 목욕을 하던 모습, 새벽이가 싱싱한 풀을 기다리며 고개를 내밀던 모습처럼 '두 활동가'가 주어진 환경에 적응하며 살아가는 장면을 담는 것만으로도 충분했다.

주로 '사람의 일'을 카메라에 담아왔던 내가 동물을 기록하기란 쉽지 않았다. 인간의 시선에서 동물을 바라보진 않을까 매번 신경이 쓰였다. 사실 새벽이가 귀를 팔랑거리며 걸어오거나 미소(꿈)가 등을 대고 누워 있는 모습을 볼 때 그들이 귀엽고 사랑스러웠다. 노을 아래에서 말들이 쉬고 있을 때는 잔인한 현실은 잊고 그저 아름답고 평온하게만 느꼈다. 그런 고민을 슬쩍 털어놓았을 때, 정윤영 작가는 "선영이 그렇게 느꼈다면 그 시각도 맞다고 봐요."라며 오히려 따뜻하게 말해주기도 했다. 홍은전의 책 『그냥, 사람』에 담긴 문장이 내가 고민하던 마음과 굉장히 닿아 있다고 느꼈다.

이 세계를 감각하는 동물적 능력을 키우면서, 동시에 그것을 인간의 언어로 설명해내고 싶다는 불가능한 꿈을 꾼다.[2]

나는 글자보다 사진의 언어가 편한 사람이고 직접 운동에 뛰어든 활동가도 아니지만, 이번 기록에 동참한 마음은 이와 비슷했다. 생추어리 동물들과 돌보는 인간이 구축하고 있는 세계를 다른 감각으로, 친밀하게 보여주고 싶었다. 다만 끊임없이 변화하는 현재의 생추어리의 한계성을 있는 그대로 바라보면서. 불가능한 것 같았지만 시도는 해보고 싶었다. 한 가지 바람이 있다면 언젠가 생추어리 동물들이 '최고령 동물'이 되었을 때 다시 그 모습을 사람들에게 보여줄 수 있으면 좋겠다. 나도 그들과 함께 늙어가는 존재로!

2024년 10월

신선영

주

프롤로그 | 동물과 함께 살아가는 더 나은 방법을 찾아서

1 새벽이생추어리 인스타그램에 이와 관련한 문제의식이 잘 드러나 있다.(https://
www.instagram.com/p/DAm-1wjJMva/?igsh=MzZxemtqZXhkZ2x4)

2 『생추어리 농장』, 진 바우어, 허형은 옮김, 책세상, 2011, 370쪽.

3 「가족 못 찾으면 안락사… 유기 동물에게 주어진 10일」,《쿠키뉴스》, 조유정 기자, 2023. 08.
06.(https://www.kukinews.com/newsView/kuk202308040066)

4 『사회적응 거부선언』, 이하루, 온다프레스, 2023, 224쪽.

5 『아무도 미워하지 않는 개의 죽음』, 하재영, 잠비, 2023, 68쪽.

프롤로그 | 생추어리, 동물이 우리에게 기회를 주는 공간

1 『바다의 제왕』, 대나 스타프, 박유진 옮김, 뿌리와이파리, 2023.

2 『동물의 감정은 왜 중요한가』, 마크 베코프, 김민경 옮김, 두시의나무, 2024.

3 『우린 모두 마음이 있어』, 로렐 브레이트먼, 김동광 옮김, 후마니타스, 2024.

동물도 집을 갖고 싶다 | 인제 꽃풀소 달뜨는 보금자리

1 『1389번 귀 인식표를 단 암소』, 캐스런 길레스피, 윤승희 옮김, 생각의길, 2019, 101쪽.

2 동물해방물결(https://donghaemul.com/story/?idx=233)

3 「가축전염병 예방법 시행규칙」제19조(검사증명서의 휴대 등)의 법령.

4 「K 가축방역의 회생양 분노한 가축위생방역 노동자 총파업 돌입」,《노동과 세계》, 강현주 기자,
2022. 01. 21.(https://worknworld.kctu.org/news/articleView.html?idxno=404924)

5 "주인이 만들어낸 질서 속에서 순응하는 존재로만 머물러 있지 않는" 행위력을 지닌 동물은
"의도를 가진 자아이자 타자와 함께 사는 세상에 있음을 인식하는 존재"다. 『동물 너머』, 전의령,
돌베개, 2022, 22쪽.

6 『생추어리 농장』, 진 바우어, 허영은 옮김, 책세상, 2011, 363쪽.

7 feed lot, 울타리를 치고 주로 농후사료를 급여하여 가축, 특히 소를 비육시키는 노천사육장.
축산법에 따르면 소 한 마리당 최소 2.5제곱미터, 약 0.7평 이상의 공간이 필요하다. 농총진흥청,
농업용어사전(https://www.nongsaro.go.kr/portal/ps/psq/psqb/farmTermSimpleDicLst.ps?menuI
d=PS00064)

8 『아무도 존중하지 않는 동물들에 관하여』, 리나 구스타브손, 장혜경 옮김, 갈매나무, 2021,

98쪽.

9 『미리 가보는 수의학 교실』, 충북대학교 수의학교재편찬위원회, 충북대학교 출판부, 2020, 12쪽.

10 리나 구스타브손, 위의 책, 117쪽.

야생의 숲과 철제 사육장, 그 사이에 | 화천 곰 보금자리

1 『2024 사육곰 산업 종식을 위한 농장 조사 및 시민 인식 조사 보고서』, 곰 보금자리 프로젝트, 한국 휴메인 소사이어티 인터내셔널, 2024, 3쪽.

2 「산짐승―들새 기르는 이색 축산 붐」, 《조선일보》, 1979. 5. 2.

3 「설악산 곰쓸개 재입찰 현장」, 《경향신문》, 1983. 6. 10. 『2024 사육곰 산업 종식을 위한 농장 조사 및 시민 인식 조사 보고서』에서 재인용.

4 「한마디―최원용 씨 '설악산 반달곰 박제사」, 《조선일보》, 1983. 6. 11. 『2024 사육곰 산업 종식을 위한 농장 조사 및 시민 인식 조사 보고서』에서 재인용.

5 2024년 7월 16일 곰 보금자리 프로젝트와 휴메인 소사이어티 인터내셔널 한국지부가 '2024 사육곰 산업 종식을 위한 농장 조사 및 시민 인식 조사 결과 공유회'를 열었다. 곰 보금자리 프로젝트 최태규 활동가의 발언.

6 2024년 3월 29일 서울 용산구 이태원에 위치한 노노샵에서 열린 '곰 사육 금지, 곰들은 어디로 가나요?' 강연 중 최태규 활동가의 발언.

7 최초 구조된 열다섯 마리 중 세 마리(편안, 보금, 미자르)가 세상을 떠난 후 두 마리(소요, 덕이)가 들어왔다. 이후 두 마리(유식이, 봄바)가 생을 마감하고 한 마리(주영)가 추가로 구조됐다.

8 반달가슴곰은 아시아흑곰이라도 불리며 일본 아종, 히말라야 아종, 우수리 아종 등 일곱 개의 아종이 있다.

9 덕이와 소요에 대한 정보는 환경청에 등록되어 있지만 둘 다 암컷임에도 불구하고 "2005년생 수컷, 2007년생 성별 모름"으로 부정확하게 기재되어 있다. 이중 하나라도 태어난 해가 정확하게 기재됐다면 2005년 기준 19세 정도로 추정된다.

10 『2024 사육곰 산업 종식을 위한 농장 조사 및 시민 인식 조사 보고서』, 곰 보금자리 프로젝트, 한국 휴메인 소사이어티 인터내셔널, 2024, 37쪽.

11 2024년 3월 29일에 진행한 최태규 활동가와의 인터뷰.

12 '뚱뚱한 곰' 온라인 투표 웹사이트(https://explore.org/fat-bear-week)

13 「뚱뚱한 곰 주간: 암컷 곰 128 그레이저, 연어를 얼굴로 내리치며 우승」, 《가디언》, 2023. 10. 11. (https://www.theguardian.com/us-news/2023/oct/11/fat-bear-week-winner-128-grazer)

14 「수천 명이 라이브캠을 통해 뚱뚱한 곰 주간의 우승자 오티스의 모습을 보다」, 《월 스트리트 저널》, 2022. 9. 30.(https://www.wsj.com/articles/fat-bear-week-otis-livecam-katmai-11664547501)

15 곰 보금자리 프로젝트 홈페이지의 '복지 향상 활동' 항목에 기록된 글 「봄, 곰 깸!」에서 일부 인용.(https://projectmoonbear.org/action/?q=YToyOntzOjEyOiJrZXl3b3JkX3R5cGUiO3M6Mz oiYWxsIjtzOjQ6InBhZ2UiO2k6MTt9&bmode=view&idx=19223021&t=board)

16 곰 보금자리 프로젝트 홈페이지의 '생추어리 건립' 항목에 기록된 글 「초록의 계절」에서 일부 인용.(https://projectmoonbear.org/action/?q=YToyOntzOjEyOiJrZXl3b3JkX3R5c GUiO3M6MzoiYWxsIjtzOjc6ImtleXdvcmQiO3M6Njoi67KE7LCMIjt9&bmode=view&i dx=31255991&t=board)

17 「수도산으로 이사 간 반달가슴곰 KM-53… 이제는 '마주치지 말자'」, 《경향신문》, 2018. 9. 19. (https://www.khan.co.kr/national/national-general/article/201809190600001)

18 곰 보금자리 프로젝트 활동가들은 2023년 2월 21일부터 8일간 베트남 탐다오 국립공원 내에 위치한 애니멀스 아시아의 생추어리, 포포즈가 운영하는 닌빈 곰 생추어리, 캇티엔 국립공원 내에 위치한 프리더베어스 생추어리를 다녀왔다. 2018년에는 활동가 두 명이 열흘 동안 동남아시아의 곰 생추어리 세 곳을 견학하기도 했고 2019년에는 베트남 곰 생추어리에서 3개월가량 머무르며 곰의 일과, 트레이닝, 행동 풍부화 등을 체험하고 오기도 했다.

19 곰 보금자리 프로젝트 홈페이지의 '복지 향상 활동' 항목에 기록된 글 「유식이의 33년」에서 일부 인용.(https://projectmoonbear.org/action/?q=YToyOntzOjEyOiJrZXl3b3JkX3R5cGUiO3M6Mz oiYWxsIjtzOjc6ImtleXdvcmQiO3M6Njoi7Jyg7IudIjt9&bmode=view&idx=15637590&t=board)

20 곰 보금자리 프로젝트 유튜브(https://youtu.be/-UcVFOqUW3g?si=fObmcKwTkAEyKvcr)

알고자 하는 마음이 사랑이 되려면 | 제주 곶자왈 말 보호센터 마레숲

1 한국의 말 도축장 실태를 고발한 페타의 취재 영상. 'K-Cruelty: PETA Investigation Inside Korea's Largest Horse Slaughterhouse'(https://www.youtube.com/watch?v=5GgbbcMpqX4)

2 「'은퇴마 학대' 한국에 경주마 수출 중단」, 《한겨레》, 김지숙 기자, 2020. 08. 03.(https://www.hani.co.kr/arti/animalpeople/human_animal/956254.html)

3 여러 동물권 단체들이 목소리를 높여온 덕에 2021년 민법 98조에 '동물은 물건이 아니다.'라는 조항을 추가하는 개정안이 발의됐지만 2024년 9월 현재까지 통과되지 못하고 있다.

4 산림자원법 시행규칙 제47조(임의로 하는 입목벌채 등)에 따르면 "죽은 나무의 제거" 또는 "산림소유자 재해의 예방·복구, 농가건축 및 수리, 농업·임업·축산업·수산업용으로 이용"을 위해

"허가 또는 신고 없이 벌채를 할 수 있"다.

5 『시간의 향기』, 한병철, 김태환 옮김, 문학과지성사, 2013, 100쪽.

6 『한국경마 100년사』, 한국마사회, 2022, 476쪽. 코로나19 이전 시기인 2017년 연간 매출은 7조 8000억 원이 넘는 것으로 기록되어 있다.

7 축산물안전관리시스템(https://www.lpsms.go.kr/)

8 「한라마 퇴출 위기 사육농가 반발 거세」, 《뉴스1》, 이상민 기자, 2012. 12. 13.(https://www.news1.kr/articles/?933865)

9 https://gnews.gg.go.kr/briefing/brief_gongbo_view.do?BS_CODE=S017&number=54350

10 말산업을 '신성장 동력산업'으로 승마와 조련시설, 전문인력 양성기관 확대와 함께 연관 산업 육성으로 말고기 소비를 촉진한다는 목표로 2015년 농림축산식품부에서 387억 원을 투자한 이 계획은 2024년 현재 제3차 종합계획을 수립했다. 3차 종합계획은 550억 원이 투입될 예정이고, 여기에는 퇴역마를 위한 휴양목장 조성과 비육마 생산 장려, 말고기 및 마유 등 연관 산업 소비 대중화 계획이 추가되었다. 제주는 2014년 말산업 특구로 지정된 후 매년 운영평가 1위를 차지했다. 「제주의 말산업, 도약 꿈꾼다」, 《미디어제주》, 고원상 기자, 2024. 01. 16. (https://www.mediajeju.com/news/articleView.html?idxno=349446)

11 「봉화군, 야생동물 사체 '렌더링 처리' 도입」, 《경북일보》, 박문산 기자, 2023. 05. 31.(https://www.kyongbuk.co.kr/news/articleView.html?idxno=2132942)

12 "재활승마란 장애인 및 정서적 어려움을 가진 사람들에게 인지적·신체적·정서적·사회적 안녕을 주기 위해 인간과 말이 함께하는 모든 활동을 지칭함." 대한재활승마협회(http://www.kath.kr/html/?pmode=Therapeutic)

13 2014년 제정된 '곶자왈 보전 관리 조례'는 곶자왈 정의부터 보호지역 지정 등 보완이 필요하다는 지적이 계속되었다. 2024년 개정안이 마련됐지만 곶자왈 정의와 유형 구분 등 논란이 많았고, 상임위 심사에서 부결되었다.

먹히지 않고 늙어가기를 | 새벽이생추어리

1 새벽이생추어리에서는 '함께하는 인간동물'을 '새생이' '보듬이' '매생이'로 설명한다. 새생이는 새벽이생추어리의 전반적인 운영을 맡고 있는 활동가들로 회계, 후원 관리, SNS 관리, 자료 조사, 보듬이 교육과 현장 돌봄 업무를 한다. 보듬이는 현장 돌봄을 함께하는 이들을 지칭하며, 새벽이생추어리는 봉사라는 단어를 지양하기 때문에 보듬이라는 명칭을 쓴다. 매생이는 후원자와 SNS 팔로워 등 새벽이생추어리 활동을 응원하는 이들을 말한다.

2 7000만 원을 목표로 2023년 2월 18일부터 2024년 1월 8일까지 후원 페이지가 열렸으며 목표액의 71퍼센트인 49,853,250원이 모금됐다.(https://box.donus.org/box/dawnsanctuary/ moving_project) 모금과 공사가 같은 기간에 진행되었고 모인 금액 안에서 이주에 필수적인 준비, 배수공사를 중심으로 예산을 집행했다. 예산 부족으로 현장 개선을 하지 못한 부분들은 일부 후원자와 활동가들의 사비를 빌리는 방식으로 진행했으며 추후 이에 대한 모금 활동을 계획 중이다.

3 경기도, 강원도, 경상북도 등 아프리카돼지열병이 발생해 살처분이 시행된 장소 등은 피했다. 2024년 7월 7일 농림축산식품부 홈페이지에 공개된 「'19~'24 아프리카돼지열병(ASF) 발생현황 정보공개(~44차)」 참고. 지도 정보는 https://www.mafra.go.kr/FMD-AI2/map/ ASF/ASF_map.jsp

4 새벽이생추어리 공식 블로그에 실린 글 「새벽이생추어리 입주 축하 행사」, 2024. 1. 18.(https:// blog.naver.com/dawnsanctuarykr/223325919624)

5 I. Camerlink, S. P. Turner, "The pig's nose and its role in dominance relationships and harmful behaviour," *Applied Animal Behaviour Science*, Vol. 145, Issues 3~4, May, 2013, pp.84~91.(https://www.sciencedirect.com/science/article/abs/pii/S0168159113000671)

6 2023년 7월 19일에 열린 국회 라운드 테이블 '동물을 돌보는 마음'에서 국내 생추어리 현황과 과제에 대한 질의응답 내용.

7 Pardo, M. A., Fristrup, K., Lolchuragi, D. S. et al., "African elephants address one another with individually specific name-like calls," *nature ecology & evolution*, Vol. 8, July 2024.(https://doi.org/10.1038/s41559-024-02420-w)

8 Marino, Lori and Colvin, Christina M., "Thinking Pigs: Cognition, Emotion, and Personality," *Mammalogy Collection*, Vol. 1, 2016에서 재인용.

9 Leo Sands, "Pigs mediate barnyard fights with a light touch of the snout, study says," *The Washington Post*, 2022. 11. 10.(https://www.washingtonpost.com/science/2022/11/10/pigs-study- conflict-fight/)

10 Mark Earle, "How Do Pigs Communicate?," Pet Pig World.(https://petpigworld.com/how- do-pigs-communicate/)

11 꽃을 꺾어 와서 자신의 집을 꾸미는 돼지의 영상.(https://www.thedodo.com/videos/daily-dodo/ rescue-pig-picks-out-flowers-to-decorate-her-house)

12 "How to keep pigs in winter," https://gardenlux-en.decorexpro.com(https:// gardenlux.decorexpro.com/en/stroitelstvo/malye-formy/kak-soderzhat-sviney-zimoy.html)

13 새벽이생추어리 인스타그램에 올라온 글.(https://www.instagram.com/p/ CoUlCWMr6p2/?img_index=1)

14 https://gardenlux.decorexpro.com/en/stroitelstvo/malye-formy/kak-soderzhat-sviney-zimoy.html

15 "Ten rescued pigs killed at sanctuary in Italy," *The Animal Reader*, September 21, 2023.(https://www.theanimalreader.com/2023/09/21/news-pigs-sanctuary-killed-italy/)

16 「2024년 가축방역 사업 실시요령」, 농림축산식품부, 2024. 01.

17 '직접행동DxE 공개구조(Open Rescue)—새벽이, 노을이 그리고 별이' 유튜브 영상.(https://youtu.be/5PR3JCnJZoE?si=f-2CwoIk0MTxFXSU)

에필로그 ｜ 어떤 동물은 죽고, 어떤 동물은 산다

1 곶자왈 말 구조보호센터 유튜브 채널, '안타까운 소식을 전달드립니다' 영상(https://www.youtube.com/watch?v=bR9VuaY8y8w)

2 『그냥, 사람』, 홍은전, 봄날의책, 2020, 256쪽.

동물의 자리
먹히지 않고 늙어가는 동물들을 만나다

초판 1쇄 발행 2024년 10월 22일

지은이   김다은, 정윤영, 신선영

발행인   김희진
편집   신귀영
마케팅   이혜인
디자인   민혜원
제작   제이오
인쇄   민언프린텍
발행처   돌고래

출판등록   2021년 5월 20일
등록번호   제2021-000173호
주소   서울시 강남구 선릉로 704 12층 282호
이메일   info@dolgoraebooks.com

ISBN   979-11-988502-1-8 03330